Langenscheidt
Vom Wort zum Satz

Koreanisch

Die wichtigsten Wörter in einfachen Sätzen üben

von Yoomi Thesing

Langenscheidt

Langenscheidt
Vom Wort zum Satz
Koreanisch
Die wichtigsten Wörter in einfachen Sätzen üben

von
Yoomi Thesing

Download der MP3-Dateien und der Wortliste:

1. Gehen Sie auf die Seite **www.langenscheidt.com/bonusmaterial**
2. Geben Sie dort den Code **WSK561** ein.
3. Klicken Sie auf den Button „aktivieren“.
4. Laden Sie die MP3-Dateien und die Wortliste herunter.

4. Auflage 2024

www.langenscheidt.com

Redaktion: Moon-Ey Song
Layout: Meike Elsasser, Hildrizhausen
Umschlagfotos: Muster: Muster: Shutterstock/moj0j0; Hände und Tassen: Shutterstock/Antonio Guillem
Satz: Satzkasten, Stuttgart
Druck und Bindung: Multiprint Ltd., Kostinbrod

ISBN 978-3-12-563561-6

So lernen Sie mit diesem Buch

Mit diesem Buch erweitern Sie Ihren koreanischen Wortschatz – in kleinen Schritten vom einzelnen Wort zum ganzen Satz. Der Inhalt ist in 30 thematisch gegliederte Lektion unterteilt.
Auf der ersten Seite einer Lektion werden Ihnen 10 grundlegende koreanische Wörter vorgestellt, die Sie im Laufe der Lektion lernen. Diese Wörter tauchen dann auf der folgenden Seite in einem kleinen Text wieder auf und sind dort fett gedruckt. Um Ihnen die Zuordnung eines koreanischen Schriftzeichens zu seiner deutschen Entsprechung zu erleichtern, ist diese mit einem Pfeil kennzeichnet:

제 이름은 파울이에요.

Mein Name ist Paul.

Auf der dritten und vierten Seite einer Lektion lernen Sie dann zahlreiche Wörter, die mit den grundlegenden Wörtern der ersten Seite verwandt sind. Abschließend üben Sie die neuen Wörter und wiederholen den Text vom Anfang der Lektion noch einmal. Sie werden sehen: In kleinen und langsamen Schritten erweitern Sie Ihren Wortschatz immer mehr.

Alle Wörter und Sätze, die Sie innerhalb einer Lektion lernen, können Sie auch anhören. Die MP3-Dateien und eine komplette Liste der Wörter mit Übersetzung können Sie online herunterladen. Wie das geht, erfahren Sie auf Seite 2.

Viel Erfolg beim Lernen wünscht Ihnen die Langenscheidt-Redaktion!

INHALT

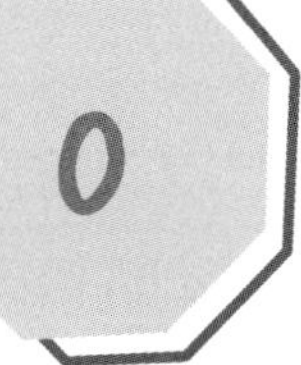

Einführung in die koreanische Sprache

Die koreanische Sprache

Koreanisch ist die offizielle Sprache in Süd- und Nordkorea und wird als Muttersprache von mehr als 80 Millionen Menschen, die sowohl in Korea als auch im Ausland leben, gesprochen. Damit ist Koreanisch unter den 15 weltweit am häufigsten gesprochenen Sprachen.
Die koreanische Schrift ist eine eigene alphabetische Schrift und gilt als eine der wissenschaftlichsten und systematischsten Schriften der Welt. Im Jahr 1997 wurde sie von der UNESCO in die Liste des Weltkulturerbes aufgenommen.

Die Geschichte der koreanischen Schrift

Bis zur Mitte des 15. Jahrhunderts gab es in Korea ausschließlich die chinesische Zeichenschrift, weil die Koreaner keine eigene Schrift besaßen.
Da die chinesische Zeichenschrift schwierig zu erlernen war, war sie nur einer kleinen gebildeten Schicht zugänglich. Das einfache Volk konnte das in der chinesischen Zeichenschrift Geschriebene weder lesen noch schreiben. Um einer breiten Schicht Bildung zu ermöglichen, gab König Sejong der Große seinen Wissenschaftlern den Auftrag, eine neue Schrift zu erfinden, damit alle sie leicht erlernen und im Alltag anwenden konnten.
Im Jahr 1443 wurde die koreanische Schrift, 한글 (*Hangeul*), von einer Gelehrtengruppe erfunden. Diese Alphabetschrift, die ursprünglich aus 28 Grundbuchstaben bestand, wurde 1446 im Buch 훈민정음 (*Hunminjeongeum*: „Die richtigen Laute zum Lehren des Volks") der Öffentlichkeit vorgestellt. Heute werden davon nur noch 24 Grundbuchstaben verwendet.

Die koreanische Schrift
Die koreanische Schrift besteht aus zehn Grundvokalen und 14 Grundkonsonanten. Für die Vokale wurden drei Grundstriche aus Grundelementen geschaffen. Sie beruhen auf der philosophischen Vorstellung des Himmels (symbolisiert durch einen Punkt, früher durch einen Kreis, heute durch einen kurzen Zusatzstrich: •), der Erde (symbolisiert durch einen horizontalen Grundstrich: —), sowie des Menschen (symbolisiert durch einen vertikalen Grundstrich: ㅣ).

Für die Konsonanten wurden fünf Grundzeichen (ㄱ, ㄴ, ㅁ, ㅅ, ㅇ) nach dem Artikulationsorgan (Gaumen, Zunge, Lippen, Zähne oder Rachen), wo sie gebildet werden, geschaffen. Aus den Grundvokalen werden elf zusammengesetzte Vokale und aus den Grundkonsonanten werden fünf Doppelkonsonanten und elf zusammengesetzte Konsonanten gebildet.

Die 10 Grundvokale

Vokal	Umschrift	Aussprache
ㅏ	a	wie **A**horn oder T**a**g
ㅑ	ya	wie **Ja**de oder **Ya**cht
ㅓ	eo	wie **o**ffen oder **O**nkel
ㅕ	yeo	wie **Jo**t oder **Jo**ch
ㅗ	o	wie **o**ben oder M**o**nat
ㅛ	yo	wie **Yo**ga oder **Jo**ghurt
ㅜ	u	wie **u**nten oder M**u**tter
ㅠ	yu	wie **Ju**ni oder **Ju**gend
ㅡ	eu	wie im Englischen giv**e**n oder sudd**e**n
ㅣ	i	wie T**i**ger oder **I**gel

Die 14 Grundkonsonanten

Konsonant	Umschrift	Aussprache	Namen des Konsonanten
ㄱ	g/k	als Anlaut [g] wie **G**abriel oder als Auslaut [k] wie Domini**k**	기역 *Giyeok*
ㄴ	n	wie **N**ora	니은 *Nieun*
ㄷ	d/t	als Anlaut [d] wie **D**aniel oder als Auslaut [t] wie Rober**t**	디귿 *Digeut*
ㄹ	r/l	vor Vokal [r] wie **R**ichard oder als Auslaut [l] wie Emi**l**	리을 *Rieul*
ㅁ	m	wie **M**aria	미음 *Mieum*
ㅂ	b/p	als Anlaut [b] wie **B**en oder als Auslaut [p] wie Philli**p**	비읍 *Bieup*
ㅅ	s	[s] wie O**s**kar oder vor den Vokalen ㅣ, ㅑ, ㅕ, ㅛ, ㅠ [ʃ] wie **Sch**iller	시옷 *Siot*
ㅇ	-/ng	vor Vokal kein Laut oder als Auslaut [ŋ] wie Wolfga**ng**	이응 *Ieung*
ㅈ	j	wie **J**enny	지읒 *Jieut*
ㅊ	ch	wie **Ch**arles	치읓 *Chieut*
ㅋ	k	wie **K**aren	키읔 *Kieuk*
ㅌ	t	wie **T**om	티읕 *Tieut*
ㅍ	p	wie **P**aul	피읖 *Pieup*
ㅎ	h	wie **H**anna	히읗 *Hieut*

Die 11 zusammengesetzten Vokale

Vokal	Kombination	Umschrift	Aussprache
ㅐ	ㅏ + ㅣ	ae	wie **Ä**ste oder B**ä**cker
ㅒ	ㅑ + ㅣ	yae	wie **Jä**ckchen oder **jä**hrlich
ㅔ	ㅓ + ㅣ	e	wie **E**nde oder Ab**e**nd
ㅖ	ㅕ + ㅣ	ye	wie **je**der oder **je**tzt
ㅘ	ㅗ + ㅏ	wa	wie im Englischen **w**ine
ㅙ	ㅗ + ㅐ	wae	wie im Englischen **wa**x
ㅚ	ㅗ + ㅣ	oe	wie **ö**de oder b**ö**se
ㅝ	ㅜ + ㅓ	wo	wie im Englischen **wo**nder
ㅞ	ㅜ + ㅔ	we	wie im Englischen **we**st
ㅟ	ㅜ + ㅣ	wi	wie **ü**ber oder B**ü**rger
ㅢ	ㅡ + ㅣ	ui	wie pf**ui** oder h**ui**

Die 5 Doppelkonsonanten

Konsonant	Umschrift	Aussprache	Namen des Konsonanten
ㄲ	kk	gespanntes g	쌍기역 *Ssanggiyeok*
ㄸ	tt	gespanntes d	쌍디귿 *Ssangdigeut*
ㅃ	pp	gespanntes b	쌍비읍 *Ssangbieup*
ㅆ	ss	gespanntes s	쌍시옷 *Ssangsiot*
ㅉ	jj	gespanntes j	쌍지읒 *Ssangjieut*

Prinzipien der Silbenbildung

Die koreanische Schrift wird in Silben geschrieben. Eine Silbe besteht aus mindestens einem Konsonanten und einem Vokal. Die vertikalen Vokale, die aus dem vertikalen Grundstrich „ㅣ" gebildet werden, wie ㅏ, ㅑ, ㅓ, ㅕ, ㅣ stehen immer rechts vom anlautenden Konsonanten. Die horizontalen Vokale, die aus dem horizontalen Grundstrich „ㅡ" gebildet werden, wie ㅗ, ㅛ, ㅜ, ㅠ, ㅡ, stehen unter dem anlautenden Konsonanten. Wie jede Silbe aufgebaut wird, wird im Folgenden mit vier Möglichkeiten gezeigt.

1. Konsonant (als Anlaut) + Vokal: ㄴ + ㅏ = 나 [na] oder ㄷ + ㅗ = 도 [do]
2. Konsonant (kein Laut) + Vokal: ㅇ + ㅏ = 아 [a] oder ㅇ + ㅜ = 우 [u]
3. Konsonant (als Anlaut) + Vokal + Konsonant (als Auslaut):
   ㅅ + ㅏ + ㄴ = 산 [san]
4. Konsonant (kein Laut) + Vokal + Konsonant (als Auslaut):
   ㅇ + ㅜ + ㄴ = 운 [un]

Bei Silben mit vokalischem Anlaut wird der lautlose Konsonant ㅇ vor dem Vokal geschrieben, weil mit einem Vokal allein keine Silbe gebildet werden kann und eine Silbe immer mit einem Konsonanten beginnt.

Die Auslautkonsonanten

In einer Silbe können Konsonanten auch dem Vokal folgen. Als Auslaut werden die Grundkonsonanten und die Doppelkonsonanten ㄲ und ㅆ benutzt. Außerdem können zusammengesetzte Konsonanten nur für den Auslaut verwendet werden. Wenn Konsonanten als Auslaut artikuliert werden, können sie in sieben Lauten ausgesprochen werden.

Auslautkonsonanten	Aussprache	Aussprache in einer Silbe
ㄱ, ㄲ, ㅋ	[-k]	국수 *gu**k**su*, 낚시 *na**k**si*, 부엌 *bueo**k***
ㄴ	[-n]	산 *sa**n***, 문 *mu**n***, 한국 *ha**n**guk*
ㄷ, ㅅ, ㅆ, ㅈ, ㅊ, ㅌ, ㅎ	[-t]	닫다 *da**t**da*, 웃다 *u**t**da*, 있다 *i**t**da*, 늦다 *neu**t**da*, 꽃 *kko**t***, 햇빛 *hae**t**bi**t***, 끝 *kkeu**t***, 히읗 *hieu**t***
ㄹ	[-l]	얼굴 *eolgu**l***, 딸기 *tta**l**gi*, 달걀 *da**l**gya**l***
ㅁ	[-m]	밤 *ba**m***, 마음 *maeu**m***, 부모님 *bumoni**m***
ㅂ, ㅍ	[-p]	집 *ji**p***, 수업 *sueo**p***, 앞 *a**p***, 숲 *su**p***
ㅇ	[-ŋ]	공항 *go**ng**ha**ng***, 고양이 *goya**ng**i*, 창문 *cha**ng**mun*, 영어 *yeo**ng**eo*

Die 11 zusammengesetzten Konsonanten

Konsonant	Aussprache	Aussprache in einer Silbe	Aussprache vor einer Silbe, die mit ㅇ beginnt
ㄱ ㅅ	[-k]	몫 *mo**k***	몫이 *mo**ks**i*
ㄴ ㅈ	[-n]	앉다 *a**n**da*	앉아 *a**nj**a*
ㄴ ㅎ	[-n]	많다 *ma**nt**a*	많이 *ma**n**i*
ㄹ ㄱ	[-k]	읽다 *i**k**da*	읽어 *i**lg**eo*
ㄹ ㅁ	[-m]	삶 *sa**m***	삶이 *sa**lm**i*
ㄹ ㅂ	[-l/-p]	넓다 *neo**l**da* 밟다 *ba**p**da*	넓어 *neo**lb**eo* 밟아 *ba**lb**a*
ㄹ ㅅ	[-l]	곬 *go**l***	곬이 *go**ls**i*
ㄹ ㅌ	[-l]	핥다 *ha**l**da*	핥아 *ha**lt**a*
ㄹ ㅍ	[-p]	읊다 *eu**p**da*	읊어 *eu**lp**eo*
ㄹ ㅎ	[-l]	잃다 *i**l**ta*	잃어 *i**r**eo*
ㅂ ㅅ	[-p]	값 *ga**p***	값이 *ga**ps**i*

Außer bei ㄹ ㄱ, ㄹ ㅁ und ㄹ ㅍ wird bei den zusammengesetzten Konsonanten der erste Konsonant gesprochen. Wenn die nächste Silbe mit ㅇ beginnt, werden auch beide Konsonanten gesprochen, indem der zweite Konsonant als Anlaut der folgenden Silbe ausgesprochen wird.

Grundregeln für das Schreiben

Die koreanischen Buchstaben werden nicht in linearer Reihenfolge, sondern in Silbenkomplexen geschrieben. Zwei bis vier Buchstaben werden in einem imaginären Quadrat zusammengefasst. Beim Schreiben eines koreanischen Buchstaben sollte man die Schreibrichtung beachten. Alle Buchstaben und alle Silben werden von links nach rechts und von oben nach unten geschrieben. In der koreanischen Schrift gibt es keine Groß- und Kleinschreibung. Wörter werden getrennt, Nomen und Partikeln, Verben und Endungen werden zusammengeschrieben.

Die informell höfliche Sprechform

Die informell höfliche Sprechform ist im heutigen gesprochenen Koreanisch die am häufigsten benutzte Sprechform. Während die formell höfliche Sprechform in formellen Situationen und bei offiziellen Anlässen, z. B. in Nachrichtensendungen, Präsentationen und geschäftlichen Meetings verwendet wird, wird die informell höfliche Sprechform am meisten im Alltag verwendet.

In diesem Buch werden alle Verben in der Grundform vorgestellt und alle Sätze in der informell höflichen Sprechform geschrieben. Im Folgenden wird gezeigt, wie die Verben im Präsens gebildet werden. Die Grundform aller koreanischen Verben besteht aus dem Verbstamm und der Verbendung „**다**". Wie das Verb in der informell höflichen Sprechform konjugiert wird, hängt vom Verbstamm ab.

1. Enthält die letzte Silbe des Verbstamms den Vokal ㅏ oder ㅗ, wird an den Verbstamm **아요** angehängt:

Grundform des Verbs	Verbstamm	Informell höfliche Sprechform
맞다	맞	맞**아요**
좋다	좋	좋**아요**

2. In allen anderen Fällen mit Ausnahme der Verben, die auf -하다 enden, wird an den Verbstamm **어요** angehängt:

Grundform des Verbs	Verbstamm	Informell höfliche Sprechform
먹다	먹	먹**어요**
있다	있	있**어요**

3. Bei allen Verben, die mit -하다 enden, wird **여요** an den Verbstamm angehängt. Das konjugierte Verb 하여요 wird immer zu 해요 abgekürzt, d. h. das Verb **하다** wird **해요**:

Grundform des Verbs	Verbstamm + **여요**	Informell höfliche Sprechform
운동하다	운동하 + 여요 > 운동해요	운동**해요**
노래하다	노래하 + 여요 > 노래해요	노래**해요**

Im Koreanischen gibt es viele Verben, die mit 하다 (*tun/machen*) enden. Diese Verben bestehen aus einem Nomen und dem Verb 하다. Bei allen Handlungsverben mit 하다 kann man zwischen dem Nomen und dem Verb die Objektpartikel (을/를) einfügen:
운동하다 *Sport treiben* = 운동 (*Sport*) 을 하다 (*tun/machen*)
Informell höfliche Sprechform: 운동을 **해요**

노래하다 *singen* = 노래 (*Lied*) 를 하다 (*tun/machen*)
Informell höfliche Sprechform: 노래를 **해요**

Endet ein Verbstamm auf einen Vokal, werden der Vokal und 아요/어요 zusammengesetzt.

	Grundform des Verbs	Informell höfliche Sprechform
ㅏ + **아요** wird ㅏ요	가다 만나다	**가** + **아**요 > **가**요 만**나** + **아**요 > 만**나**요
ㅓ + **어요** wird ㅓ요	서다 건너다	**서** + **어**요 > **서**요 건**너** + **어**요 > 건**너**요
ㅗ + **아요** wird ㅘ요	오다 보다	**오** + **아**요 > **와**요 **보** + **아**요 > **봐**요
ㅜ + **어요** wird ㅝ요	주다 배우다	**주** + **어**요 > **줘**요 배**우** + **어**요 > 배**워**요
ㅣ + **어요** wird ㅕ요	마시다 가르치다	마**시** + **어**요 > 마**셔**요 가르**치** + **어**요 > 가르**쳐**요
ㅐ + **어요** wird ㅐ요	지내다 보내다	지**내** + **어**요 > 지**내**요 보**내** + **어**요 > 보**내**요

Präsensform: sein „이다"
„**이다**" ist vergleichbar mit dem Verb ***sein*** im Deutschen. **이에요**/**예요** ist die informell höfliche Verbendung von „**이다**". **이에요** wird direkt an ein Nomen angehängt, das auf einem Konsonanten endet, während **예요** an einem Nomen angehängt wird, welches auf einem Vokal endet:
저는 파울**이에요**. *Ich bin Paul.*
저는 파울라**예요**. *Ich bin Paula.*

Unregelmäßige Verben

1. Unregelmäßige Verben auf ㄷ:
Wenn ein Verbstamm auf ㄷ endet und darauf ein Vokal folgt, wird ㄷ manchmal zu ㄹ.
듣다 > **들**어요 oder 걷다 > **걸**어요
Bei einigen Verben wird die normale Präsensform an den Verbstamm angehängt.
받다 > 받아요 oder 닫다 > 닫아요

2. Unregelmäßige Verben auf ㅂ:
Wenn ein Verbstamm auf ㅂ endet und darauf ein Vokal folgt, wird ㅂ meistens zu **우**. Aus 우 wird mit 어요 die Endung **워**요 gebildet.
덥다 > 더우어요 > 더**워**요 oder 춥다 > 추우어요 > 추**워**요
Bei der Ausnahme **돕다** (*helfen*) wird ㅂ zu **오**. Aus 오wird mit 아요 die Endung **와**요 gebildet.
돕다 > 도오아요 > 도**와**요
Bei einigen Verben wird die normale Präsensform an den Verbstamm angehängt.
잡다 > 잡아요 oder 입다 > 입어요

3. Unregelmäßige Verben auf —:
Wenn ein Verbstamm auf den Vokal — endet, wird — weggelassen und die Endung 아요 oder 어요 angehängt. Enthält die vorige Silbe den Vokal ㅏ oder ㅗ, wird 아요, bei allen anderen Vokalen 어요 angehängt. Endet das Verb einsilbig, wird 어요 angehängt.
바쁘다 > 바ㅃ + 아요 > 바**빠**요 oder 아프다 > 아ㅍ + 아요 > 아**파**요
예쁘다 > 예ㅃ + 어요 > 예**뻐**요 oder 기쁘다 > 기ㅃ + 어요 > 기**뻐**요
쓰다 > ㅆ + 어요 > **써**요 oder 크다 > ㅋ + 어요 > **커**요

4. Unregelmäßige Verben auf 르:
Wenn ein Verbstamm auf 르 endet, wird beim Bilden der Präsensform mit 아요 oder 어요 der Vokal — der Silbe 르 weggelassen und dafür das ㄹ verdoppelt. Ein ㄹ wird an den Verbstamm angehängt und mit dem zweiten ㄹ wird mit 아요/어요 die Endung **ㄹ라요/ㄹ러요** gebildet.
다르다 > **달ㄹ** + 아요 > **달라**요 oder 모르다 > **몰ㄹ** + 아요 > **몰라**요
부르다 > **불ㄹ** + 어요 > **불러**요 oder 기르다 > **길ㄹ** + 어요 > **길러**요

5. Unregelmäßige Verben auf **ㄹ**:
Wenn ein Verbstamm auf **ㄹ** endet, wird ㄹ weggelassen, wenn Konsonanten wie ㄴ, ㅂ und ㅅ folgen.
살다 > **삽**니다 oder 만들다 > 만**듭**니다
Wenn die anzuhängenden Endungen über Bindevokal **으** angeschlossen werden, fällt 으 immer weg.
만들다 > 만들 + **으**세요 > 만들 + **세**요 > 만**드세**요
Beim Bilden der informell höflichen Sprechform mit 아요 oder 어요 fällt ㄹ nicht weg.
살다 > **살**아요 oder 만들다 > 만**들**어요

6. Unregelmäßige Verben auf **ㅅ**:
Wenn ein Verbstamm auf **ㅅ** endet und darauf ein Vokal folgt, fällt ㅅ manchmal weg.
낫다 > **나**아요 oder 붓다 > **부**어요
Bei einigen Verben wird die normale Präsensform an den Verbstamm angehängt.
웃다 > **웃**어요 oder 벗다 > **벗**어요

7. Unregelmäßige Verben auf **ㅎ**:
Wenn ein Verbstamm von Eigenschaftsverben auf **ㅎ** endet und beim Bilden der Präsensform mit 아요 oder 어요, wird ㅎ meistens weggelassen und der letzte Vokal des Verbstamms mit 아/어 zu **ㅐ** geändert.
어떻다 > 어**때**요, 그렇다 > 그**래**요 oder 파랗다 > 파**래**요
Bei einigen Verben wird die normale Präsensform an den Verbstamm angehängt.
놓다 > 놓아요 oder 넣다 > 넣어요

Koreanische Zahlen

Im Koreanischen gibt es zwei Zahlensysteme: die sinokoreanischen Zahlen und die koreanischen Zahlen. Die ersteren werden hauptsächlich für Nummern, Datum, Preise oder auch die Zahlen ab 100 verwendet, da es die koreanischen Zahlen nur bis 99 gibt. Die koreanischen Zahlen werden beim Aufzählen von Gegenständen oder für die Angabe des Alters benutzt.

Die koreanischen Zahlen

1 하나	11 열하나	21 스물하나	31 서른하나
2 둘	12 열둘	22 스물둘	32 서른둘
3 셋	13 열셋	23 스물셋	...
4 넷	14 열넷	24 스물넷	40 마흔
5 다섯	15 열다섯	25 스물다섯	50 쉰
6 여섯	16 열여섯	26 스물여섯	60 예순
7 일곱	17 열일곱	27 스물일곱	70 일흔
8 여덟	18 열여덟	28 스물여덟	80 여든
9 아홉	19 열아홉	29 스물아홉	90 아흔
10 열	20 스물	30 서른	99 아흔아홉

Die sinokoreanischen Zahlen bis 100

0 영/공			
1 일	11 십일	21 이십일	31 삼십일
2 이	12 십이	22 이십이	32 삼십이
3 삼	13 십삼	23 이십삼	...
4 사	14 십사	24 이십사	40 사십
5 오	15 십오	25 이십오	50 오십
6 육	16 십육	26 이십육	60 육십
7 칠	17 십칠	27 이십칠	70 칠십
8 팔	18 십팔	28 이십팔	80 팔십
9 구	19 십구	29 이십구	90 구십
10 십	20 이십	30 삼십	100 백

Die sinokoreanischen Zahlen ab 100

Im Koreanischen ist die Basis für die großen Zahlen 10000 (만), während im Deutschen die Basis für die großen Zahlen 1000 (천) ist. Bei den Zahlen 10, 100, 1000 usw. wird beim Lesen 일 weggelassen, z. B. 십 statt 일십, 백 statt 일백, 천 statt 일천 usw.

100	백	123	백이십삼
1000	천	2345	이천삼백사십오
10000	만	34567	삼만 사천오백육십칠
100000	십만	456789	사십오만 육천칠백팔십구
1000000	백만	5678901	오백육십칠만 팔천구백일

Die koreanischen Zählwörter

Die koreanischen Zahlen werden zusammen mit Zählwörtern benutzt, um Menschen, Dinge, das Alter und Stunden zu zählen. Wie Sie im folgenden Beispiel sehen können, wird zuerst das genannt, was gezählt wird, dann folgt die Zahl und dann das Zählwort.

Die koreanischen Zahlen von 1 bis 4 und 20 werden vor den Zählwörtern folgendermaßen abgekürzt: 하나 > 한, 둘 > 두, 셋 > 세, 넷 > 네 und 스물 > 스무

Zählwort	Anwendung	Beispiel
개	Stück/Dinge; das häufigste Zählwort	책상 **한** 개 *ein (Stück) Schreibtisch*
명/분	Menschen/Personen	학생 **스무** 명/선생님 **두** 분 *zwanzig Schüler/zwei Lehrer*
병	Flaschen	맥주 **세** 병 *drei Flaschen Bier*
잔	Tassen, Gläser, Becher	커피 **네** 잔 *vier Tassen Kaffee*
대	Geräte, Maschinen	자동차 다섯 대 *fünf Autos*
권	Bücher	책 여섯 권 *sechs Bücher*
장	Papierblätter	표 일곱 장 *sieben Karten*
마리	Tiere	고양이 여덟 마리 *acht Katzen*
송이	Blumen	꽃 아홉 송이 *neun Stück Blumen*
켤레	Paare (für Bekleidung)	구두 열 켤레 *zehn Paar Schuhe*

Datum lesen

Das Datum wird in Korea mit den sinokoreanischen Zahlen und 년(Jahr), 월(Monat), 일(Tag) gebildet. Anders als im Deutschen schreibt man beim Datum zuerst das Jahr, danach den Monat und dann den Tag.

Monate

1월	2월	3월	4월	5월	6월
일월	이월	삼월	사월	오월	**유**월
7월	8월	9월	10월	11월	12월
칠월	팔월	구월	**시**월	십일월	십이월

Monatsnamen werden mit den sinokoreanischen Zahlen und 월 gebildet, dabei werden Juni und Oktober ausnahmsweise nicht 육월 und 십월 sondern **유**월 und **시**월 genannt.

13. März 1997	1997년 3월 13일	1997 **년** 삼 **월** 십삼 **일**
20. Juni 2011	2011년 6월 20일	2011 **년** 유**월** 이십 **일**
8. Oktober 2015	2015년 10월 8일	2015 **년** 시**월** 팔 **일**
24. Dezember 2022	2022년 12월 24일	2022 **년** 십이 **월** 이십사 **일**

Wochentage

Montag	Dienstag	Mittwoch	Donnerstag	Freitag	Samstag	Sonntag
월요일	화요일	수요일	목요일	금요일	토요일	일요일

Wochentage werden nach dem Datum genannt:

Montag, 12.09. 2022	2022년 9월 12일 월요일/(월)

Die Uhrzeit

Im Alltag benutzen die Koreaner nicht die 24-Stunden-Zählung, sondern zweimal die 12-Stunden-Zählung. Das heißt, 7 Uhr und 19 Uhr werden beide als 7 Uhr gelesen. Um eine Verwechslung zu vermeiden, kann man Tageszeiten vor der Uhrzeit nennen, z. B. 아침 7 시 (*7 Uhr morgens*) oder 저녁 7 시 (*7 Uhr abends*). Während die Stunden mit koreanischen Zahlen angegeben werden, werden die Minuten und Sekunden mit sinokoreanischen Zahlen wiedergegeben.

03:00 Uhr	3**시**	세 **시**	**시** *Stunden*
03:05 Uhr	3**시** 5**분**	세 **시** 오 **분**	**분** *Minuten*
03:10 Uhr	3**시** 10**분**	세 **시** 십 **분**	
03:15 Uhr	3**시** 15**분**	세 **시** 십오 **분**	
03:30 Uhr	3**시** 30**분**	세 **시** 삼십 **분** oder 세 **시 반**	**반** *halb*
03:45 Uhr	3**시** 45**분**	세 **시** 사십오 **분**	
03:50 Uhr	3**시** 50**분**	세 **시** 오십 **분** oder 네 **시** 십 **분 전**	**전** *vor*
03:55 Uhr	3**시** 55**분**	세 **시** 오십오 **분** oder 네 **시** 오 **분 전**	
04:00 Uhr	4**시**	네 **시**	

Fragewörter

누구	wer	이분이 **누구**예요? ***Wer*** *ist diese Person?*
언제	wann	휴가가 **언제**예요? ***Wann*** *sind die Ferien?*
어디	wo	**어디**에 살아요? ***Wo*** *wohnen Sie?*
무엇/뭐	was	이게 **뭐**예요? ***Was*** *ist das?*
어떻게	wie	**어떻게** 지내요? ***Wie*** *geht es Ihnen?*
왜	warum	**왜** 한국어를 배워요? ***Warum*** *lernen Sie Koreanisch?*
어느	welche(r, s)	**어느** 나라 사람이에요? ***Welche*** *Nationalität haben Sie?*
무슨	was für/ welche(r, s)	오늘이 **무슨** 요일이에요? ***Welcher*** *Wochentag ist heute?*
어떤	was für/ welche(r, s)	**어떤** 영화를 좋아해요? ***Was für*** *Filme mögen Sie?*
몇	wie viel	지금 **몇** 시예요? ***Wie viel*** *Uhr ist es jetzt?*
며칠	welches Datum	오늘이 **며칠**이에요? ***Welches Datum*** *haben wir heute?*
얼마	wie viel	이게 **얼마**예요? ***Wie viel*** *kostet das?*
얼마나	wie lange	시간이 **얼마나** 걸려요? ***Wie lange*** *dauert es?*

Nützliche Ausdrücke

안녕하세요?	*Guten Tag! / Hallo!*
감사합니다.	*Ich danke Ihnen.*
고마워요.	*Danke schön. / Vielen Dank.*
아니에요.	*Bitte schön / Nichts zu danken.*
실례합니다.	*Entschuldigung!*
죄송합니다.	*Verzeihen Sie.*
미안해요.	*Es tut mir leid.*
괜찮아요.	*Es macht nichts. / Es ist in Ordnung.*
축하합니다.	*Ich gratuliere Ihnen.*
축하해요!	*Herzlichen Glückwunsch!*
알겠어요.	*Ich verstehe.*
잘 모르겠어요.	*Ich verstehe nicht.*
다시 한 번 말씀해 주세요!	*Sagen Sie es bitte noch einmal!*
좀 천천히 말씀해 주세요!	*Sprechen Sie bitte langsam!*

맛있게 드세요.	*Guten Appetit! (vom Gastgeber)*
잘 먹었습니다.	*Es hat sehr gut geschmeckt. (vom Gast)*
잘 가요!	*Tschüss!*
내일 봐요!	*Bis morgen!*
안녕히 가세요.	*Auf Wiedersehen. (zur Person, die geht: wörtlich „Gehen Sie wohl".)*
안녕히 계세요.	*Auf Wiedersehen. (zur Person, die bleibt: wörtlich „Bleiben Sie wohl.")*

SICH VORSTELLEN

Diese 10 grundlegenden koreanischen Wörter lernen Sie in dieser Lektion:

001

Kann ich			
○	저	jeo	*Ich (höflich)*
○	이름	ireum	*Name*
○	독일	dogil	*Deutschland*
○	사람	saram	*Mensch; Person*
○	학생	haksaeng	*Schüler/in; Student/in*
○	한국어	hangugeo	*koreanische Sprache*
○	공부하다	gongbuhada	*studieren; lernen*
○	살다	salda	*leben; wohnen*
○	만나다	mannada	*sich treffen*
○	반갑다	bangapda	*sich freuen*

LOS GEHT'S

1 Hören Sie sich die einzelnen Sätze mit den Lernwörtern genau an und lesen Sie mit.

002

제 이름은 파울이에요.

Mein **Name** ist Paul.

제 bedeutet hier „mein“. Die Partikel 은 markiert das Thema des Satzes.

이에요 ist die Präsensform von 이다 (das Verb „sein“).

파울 ist der Eigenname „Paul“.

저는 독일 사람이에요.

Ich bin **Deutscher**.

Die Partikel 는 markiert das Thema des Satzes.

학생이에요. 한국어를 공부해요.

(Ich) bin **Student**. (Ich) **studiere** **Koreanisch**.

Die Partikel 를 markiert das Objekt des Satzes.

저는 서울에 살아요.

Ich **wohne** in Seoul.

Die Partikel 에 bedeutet hier „in“ und steht nach dem Ort.

만나서 반가워요.

(Ich) **freue mich**, Sie **kennenzulernen**.

Ein Subjekt oder ein Thema kann im Koreanischen weggelassen werden, sofern es im Kontext bekannt ist.

VERWANDTE WÖRTER

1 Hören Sie sich folgende Wörter an und lesen Sie mit. 003

저 jeo	**ich (höflich)**	제 je	**ich (höflich; vor der Subjektpartikel 가), mein (höflich; vor einem Nomen)**
		나 na	**ich**
		내 nae	**ich (vor der Subjektpartikel 가), mein (vor einem Nomen)**
이름 ireum	**Name, Vorname**	성 seong	**Nachname**
		성함 seongham	**Name (honorativ)**
독일 dogil	**Deutschland**	스위스 seuwiseu	**Schweiz**
		오스트리아 oseuteuria	**Österreich**
		한국 hanguk	**Korea**
		외국 oeguk	**Ausland**
사람 saram	**Mensch, Person**	독일 사람 dogil saram	**Deutsche/r**
		한국 사람 hanguk saram	**Koreaner/in**
		외국 사람 oeguk saram	**Ausländer/in**

학생 haksaeng	**Schüler/in, Student/in**	대학생 daehaksaeng	**Student/in**
		교환학생 gyohwanhaksaeng	**Austauschstudent/in**
		학생증 haksaengjeung	**Schülerausweis, Studentenausweis**
한국어 hangugeo	**Koreanisch**	독일어 dogireo	**Deutsch**
		영어 yeongeo	**Englisch**
		외국어 oegugeo	**Fremdsprache**
공부하다 gongbuhada	**studieren, lernen**	배우다 baeuda	**lernen**
		가르치다 gareuchida	**unterrichten, lehren**
살다 salda	**leben, wohnen**	지내다 jinaeda	**leben**
만나다 mannada	**sich treffen**	마주치다 majuchida	**begegnen**
		헤어지다 heeojida	**sich verabschieden, sich trennen**
반갑다 bangapda	**sich freuen**	기쁘다 gippeuda	**froh sein**
		즐겁다 jeulgeopda	**fröhlich sein**

ÜBEN

1 Verbinden Sie die passenden Wörter.

1. 한국어	A. sich freuen
2. 공부하다	B. sich treffen
3. 이름	C. Deutsche/r
4. 만나다	D. Koreanisch
5. 학생	E. leben, wohnen
6. 반갑다	F. studieren, lernen
7. 살다	G. Schüler/in, Student/in
8. 독일 사람	H. Name

2 Ergänzen Sie die fehlenden Wörter.

1. 제 ________ 은 파울이에요.	Mein Name ist Paul.
2. 저는 독일 ________ 이에요.	Ich bin Deutscher.
3. 저는 한국어를 ________ .	Ich studiere Koreanisch.
4. 저는 ________ 이에요.	Ich bin Student.
5. 저는 ________ 사람이에요.	Ich bin Koreanerin.
6. 저는 ________ 를 배워요.	Ich lerne Deutsch.
7. 저는 스위스에 ________ .	Ich wohne in der Schweiz.
8. 만나서 ________ .	Ich freue mich, Sie kennenzulernen.

WIEDERHOLUNG

3 Lesen Sie jetzt den folgenden Text auf Koreanisch.

1. 내 이름은 파울이에요.

2. 나는 오스트리아 사람이에요.

3. 나는 대학생이에요. 외국어를 공부해요.

4. 나는 한국에 살아요.

5. 만나서 반가워요.

4 Übersetzen Sie nun die Sätze ins Deutsche.

1. ____________________

2. ____________________

3. ____________________

4. ____________________

5. ____________________

5 Jetzt können Sie auf der ersten Seite der Lektion alle Wörter, die Sie gelernt haben, abhaken.

2

MORGENRITUALE

Diese 10 grundlegenden koreanischen Wörter lernen Sie in dieser Lektion:

Kann ich			
◯	아침	achim	*Morgen*
◯	일찍	iljjik	*früh*
◯	일어나다	ireonada	*aufstehen*
◯	욕실	yoksil	*Badezimmer*
◯	세수하다	sesuhada	*sich das Gesicht waschen*
◯	화장하다	hwajanghada	*sich schminken*
◯	옷	ot	*Kleidung*
◯	입다	ipda	*sich anziehen; tragen (für Kleidung)*
◯	매일	maeil	*jeden Tag; täglich*
◯	식사하다	siksahada	*eine Mahlzeit zu sich nehmen*

LOS GEHT'S

1 Hören Sie sich die einzelnen Sätze mit den Lernwörtern genau an und lesen Sie mit.

005

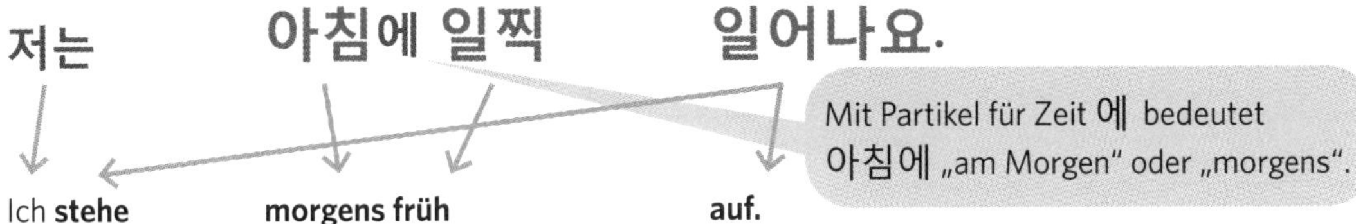

저는 아침에 일찍 일어나요.

Ich **stehe** **morgens früh** **auf.**

Mit Partikel für Zeit 에 bedeutet 아침에 „am Morgen" oder „morgens".

-고 wird an den Verbstamm angehängt und bedeutet „und".

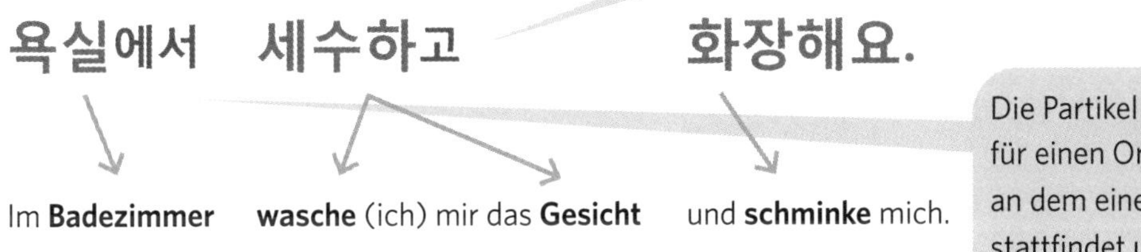

욕실에서 세수하고 화장해요.

Im **Badezimmer** **wasche** (ich) mir das **Gesicht** und **schminke** mich.

Die Partikel 에서 wird für einen Ort benutzt, an dem eine Handlung stattfindet und bedeutet hier „in".

그리고 옷을 입어요.

Und (ich) **ziehe** mir **Kleidung** **an**.

Die Partikel 을 markiert das Objekt des Satzes. Das Bindewort 그리고 heißt „und".

매일 아침 식사해요.

(Ich) **frühstücke** **jeden Tag**.

VERWANDTE WÖRTER

❶ Hören Sie sich folgende Wörter an und lesen Sie mit.

006

아침 achim	**Morgen**	새벽 saebyeok	**früher Morgen**
		아침 인사 achim insa	**Morgengruß**
		아침 뉴스 achim nyuseu	**Nachrichten am Morgen**
일찍 iljjik	**früh**	늦게 neutge	**spät**
일어나다 ireonada	**aufstehen**	자다 jada	**schlafen**
		서다 seoda	**stehen**
		앉다 anda	**sich (hin)setzen**
		눕다 nupda	**sich (hin)legen**
욕실 yoksil	**Badezimmer**	화장실 hwajangsil	**Toilette**
		목욕탕 mogyoktang	**Badehaus, Badezimmer**
세수하다 sesuhada	**sich das Gesicht waschen**	샤워하다 syawohada	**duschen**
		목욕하다 mogyokada	**baden**

화장하다 hwajanghada	**sich schminken**	화장을 지우다 hwajangeul jiuda	**sich abschminken**
		화장품 hwajangpum	**Kosmetika, Kosmetikartikel**
옷 ot	**Kleidung**	잠옷 jamot	**Schlafanzug**
		속옷 sogot	**Unterwäsche**
		옷장 otjang	**Kleiderschrank**
입다 ipda	**anziehen, tragen (für Kleidung)**	벗다 beotda	**ausziehen**
		신다 sinda	**anziehen, tragen (für Schuhe)**
		갈아입다 garaipda	**umziehen (für Kleidung)**
		입어 보다 ibeo boda	**anprobieren (für Kleidung)**
매일 maeil	**jeden Tag, täglich**	날마다 nalmada	**jeden Tag, täglich**
		매주 maeju	**jede Woche**
식사하다 siksahada	**eine Mahlzeit zu sich nehmen**	식사 siksa	**Mahlzeit**
		아침 식사하다 achim siksahada	**frühstücken**

ÜBEN

1 Verbinden Sie die passenden Wörter.

1. 입다	A. sich das Gesicht waschen
2. 식사하다	B. Morgen
3. 아침	C. aufstehen
4. 옷	D. sich anziehen, tragen
5. 일어나다	E. jeden Tag, täglich
6. 일찍	F. eine Mahlzeit zu sich nehmen
7. 매일	G. Kleidung
8. 세수하다	H. früh

2 Ergänzen Sie die fehlenden Wörter.

1. 저는 매일 __________ 일어나요.	Ich stehe jeden Tag früh auf.
2. 욕실에서 __________ 하고 화장해요.	Im Badezimmer wasche ich mir das Gesicht und schminke mich.
3. 그리고 옷을 __________ .	Und ich ziehe mir Kleidung an.
4. __________ 아침 식사해요.	Ich frühstücke jeden Tag.
5. 저는 아침에 늦게 __________ .	Ich stehe morgens spät auf.
6. 샤워하고 __________ 을 입어요.	Ich dusche mich und ziehe mir Kleidung an.
7. 저는 매일 __________ .	Ich schminke mich jeden Tag.
8. 그리고 일찍 아침 __________ .	Und ich frühstücke früh.

WIEDERHOLUNG

3 Lesen Sie jetzt den folgenden Text auf Koreanisch.

1. 저는 날마다 일찍 일어나요.

2. 욕실에서 잠옷을 벗고 샤워해요.

3. 화장하고 옷을 갈아입어요.

4. 그리고 늦게 아침 식사해요.

4 Übersetzen Sie nun die Sätze ins Deutsche.

1. ______________________________

2. ______________________________

3. ______________________________

4. ______________________________

5 Jetzt können Sie auf der ersten Seite der Lektion alle Wörter, die Sie gelernt haben, abhaken.

3

IN DER SCHULE

Diese 10 grundlegenden koreanischen Wörter lernen Sie in dieser Lektion:

✓ Kann ich			
○	수업	sueop	*Unterricht*
○	있다	itda	*haben; existieren; sich befinden*
○	학교	hakgyo	*Schule; Universität*
○	가다	gada	*gehen; fahren*
○	교실	gyosil	*Klassenzimmer*
○	선생님	seonsaengnim	*Lehrer/in*
○	친구	chingu	*Freund/in*
○	보다	boda	*sehen*
○	우리	uri	*wir; unser*
○	말하다	malhada	*sagen; sprechen*

LOS GEHT'S

1 Hören Sie sich die einzelnen Sätze mit den Lernwörtern genau an und lesen Sie mit.

008

저는 아침에 수업이 있어요.

Ich **habe** morgens **Unterricht.**

Die Partikel 이 markiert das Subjekt des Satzes.

Das Bindewort 그래서 heißt „deshalb".

그래서 학교에 일찍 가요.

Deshalb **gehe** ich früh zur **Schule.**

Die Partikel 에 wird für den Zielort benutzt und bedeutet hier „zu".

Mit 과 kann man Nomen verbinden und das bedeutet hier „und".

교실에서 선생님과 친구들을 봐요.

Im **Klassenzimmer** **sehe** ich den **Lehrer** und **Freunde.**

우리는 한국어로 말해요.

Wir **sprechen** auf Koreanisch.

Die Partikel 로 bezeichnet das Mittel und bedeutet hier „auf".

VERWANDTE WÖRTER

❶ Hören Sie sich folgende Wörter an und lesen Sie mit. 009

수업 sueop	**Unterricht**	강의 gangui	**Vorlesung**
		세미나 semina	**Seminar**
있다 itda	**haben, existieren, sich befinden**	없다 eopda	**nicht haben, nicht existieren, sich nicht befinden**
학교 hakgyo	**Schule, Universität**	대학교 daehakgyo	**Universität**
		학년 hangnyeon	**Jahrgangsstufe**
		학기 hakgi	**Semester**
가다 gada	**gehen, fahren**	올라가다 ollagada	**hinaufgehen**
		내려가다 naeryeogada	**heruntergehen**
		날아가다 naragada	**wegfliegen**
교실 gyosil	**Klassenzimmer**	반 ban	**(Schul)klasse**
		강의실 ganguisil	**Hörsaal**
		칠판 chilpan	**Tafel**

선생님 seonsaengnim	**Lehrer/in**	교사 gyosa	**Lehrer/in**
		교수 gyosu	**Professor/in**
친구 chingu	**Freund/in**	친구들 chingudeul	**Freunde**
		친한 친구 chinhan chingu	**beste Freunde**
		학교 친구 hakgyo chingu	**Schulfreunde**
보다 boda	**sehen**	쳐다보다 chyeodaboda	**aufblicken, den Blick werfen**
		구경하다 gugyeonghada	**ansehen, zuschauen, besichtigen**
		돌보다 dolboda	**pflegen, aufpassen, sich kümmern**
우리 uri	**wir, unser**	저희 jeohui	**wir (höflich), unser (höflich)**
말하다 malhada	**sprechen, sagen**	이야기하다 iyagihada	**sich unterhalten, erzählen**
		의논하다 uinonhada	**besprechen**
		설명하다 seolmyeonghada	**erklären**
		거짓말하다 geojinmalhada	**lügen**

ÜBEN

1 Verbinden Sie die passenden Wörter.

1. 학교	A. gehen
2. 말하다	B. Klassenzimmer
3. 수업	C. sehen
4. 가다	D. Schule
5. 친구	E. sprechen
6. 교실	F. Lehrer/in
7. 선생님	G. Freund/in
8. 보다	H. Unterricht

2 Ergänzen Sie die fehlenden Wörter.

1. 저는 ________ 이 있어요.	Ich habe Unterricht.
2. 그래서 학교에 ________ .	Deshalb gehe ich zur Schule.
3. 교실에서 ________ 과 친구들을 만나요.	Im Klassenzimmer treffe ich den Lehrer und Freunde.
4. 우리는 한국어로 ________ .	Wir sprechen auf Koreanisch.
5. 저는 친한 친구들이 ________ .	Ich habe beste Freunde.
6. 우리는 일찍 ________ 에 가요.	Wir kommen früh zur Schule.
7. 학교에서 친구들을 ________ .	In der Schule sehe ich Freunde.
8. ________ 에 칠판이 없어요.	Im Klassenzimmer gibt es keine Tafel.

WIEDERHOLUNG

❸ Lesen Sie jetzt den folgenden Text auf Koreanisch.

1. 저희는 아침에 수업이 있어요.
2. 그래서 저희는 일찍 학교에 가요.
3. 학교에서 선생님과 친구들을 봐요.
4. 저희는 교실에서 한국어로 이야기해요.

❹ Übersetzen Sie nun die Sätze ins Deutsche.

1. ____________________
2. ____________________
3. ____________________
4. ____________________

❺ Jetzt können Sie auf der ersten Seite der Lektion alle Wörter, die Sie gelernt haben, abhaken.

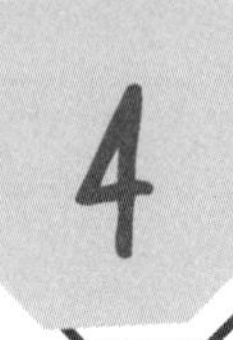

IM RESTAURANT

Diese 10 grundlegenden koreanischen Wörter lernen Sie in dieser Lektion:

010

Kann ich			
○	지금	jigeum	*jetzt; gerade*
○	아주	aju	*sehr*
○	배고프다	baegopeuda	*hungrig sein; Hunger haben*
○	점심	jeomsim	*Mittag*
○	먹다	meokda	*essen*
○	식당	sikdang	*Restaurant*
○	손님	sonnim	*Gast*
○	많다	manta	*viel sein*
○	음식	eumsik	*Essen*
○	맛있다	masitda	*lecker sein; köstlich sein*

LOS GEHT'S

1 Hören Sie sich die einzelnen Sätze mit den Lernwörtern genau an und lesen Sie mit.

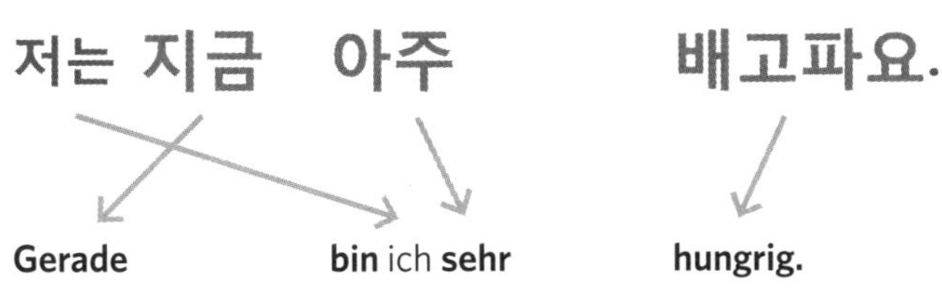

-(으)러 가다 wird an den Verbstamm angehängt und bedeutet „gehen, um etwas zu machen".

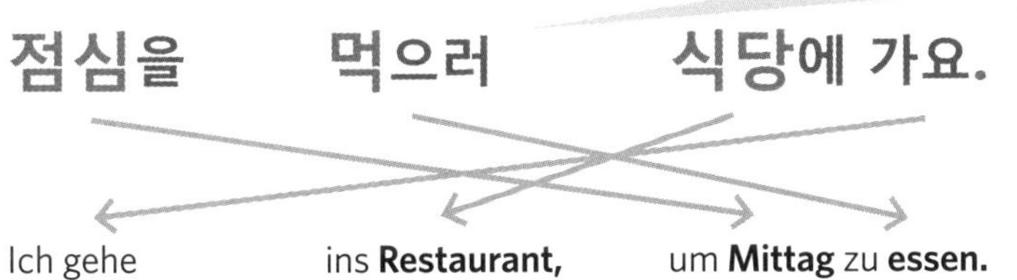

Die Partikel 에 wird für den Ort benutzt, an dem sich jemand oder etwas befindet und bedeutet hier „in".

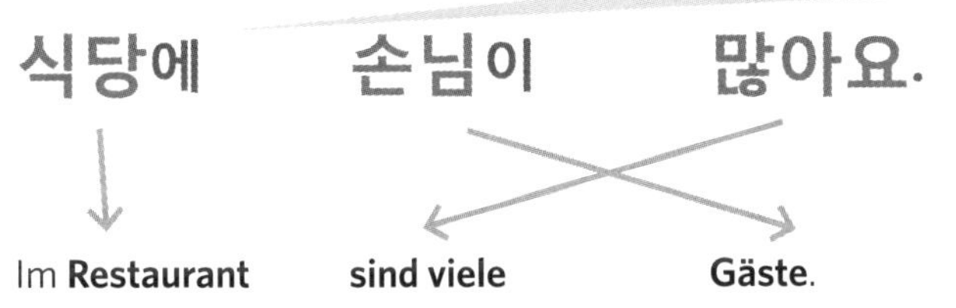

VERWANDTE WÖRTER

❶ Hören Sie sich folgende Wörter an und lesen Sie mit.

01

지금 jigeum	**jetzt, gerade**	이제 ije	**jetzt, nun**
		전에 jeone	**früher, vorher**
		나중에 najunge	**später, nachher**
아주 aju	**sehr**	너무 neomu	**zu sehr, zu (viel)**
		매우 maeu	**sehr, äußerst**
배고프다 baegopeuda	**hungrig sein, Hunger haben**	목마르다 mongmareuda	**durstig sein, Durst haben**
		배부르다 baebureuda	**satt sein**
점심 jeomsim	**Mittag**	점심시간 jeomsimsigan	**Mittagspause**
		낮 nat	**Lichter Tag, Tag**
먹다 meokda	**essen**	드시다 deusida	**essen (honorativ), trinken (honorativ)**
		먹어 보다 meogeo boda	**(Essen) probieren**
		굶다 gumda	**keine Nahrung zu sich nehmen, fasten**

식당 sikdang	**Restaurant**	음식점 eumsikjeom	**Restaurant**
		학생식당 haksaengsikdang	**Mensa**
손님 sonnim	**Gast**	고객 gogaek	**Kunde/ Kundin**
		단골손님 dangolsonnim	**Stammkunde/ Stammkundin**
		주인 juin	**Gastgeber/in, Eigentümer/in**
많다 manta	**viel sein**	적다 jeokda	**wenig sein**
		많이 mani	**viel**
		조금 jogeum	**ein wenig, ein bisschen**
음식 eumsik	**Essen**	한식 hansik	**koreanisches Essen**
		양식 yangsik	**westliches Essen**
맛있다 masitda	**lecker sein, köstlich sein**	맛없다 madeopda	**nicht lecker sein, schlecht schmecken**
		맛 mat	**Geschmack**
		맛보다 matboda	**kosten**

ÜBEN

1 Verbinden Sie die passenden Wörter.

1. 먹다	A. Restaurant
2. 배고프다	B. Essen
3. 식당	C. jetzt, gerade
4. 많다	D. essen
5. 음식	E. Mittag
6. 맛있다	F. hungrig sein
7. 지금	G. lecker sein
8. 점심	H. viel sein

2 Ergänzen Sie die fehlenden Wörter.

1. 지금 __________ 배고파요.	Gerade bin ich sehr hungrig.
2. 점심을 먹으러 __________ 에 가요.	Ich gehe ins Restaurant, um Mittag zu essen.
3. 식당에 손님이 __________ .	Im Restaurant sind viele Gäste.
4. 음식이 아주 __________ .	Das Essen ist sehr lecker.
5. 저는 지금 너무 __________ .	Ich bin gerade zu hungrig.
6. 그래서 음식점에서 __________ 을 먹어요.	Deshalb esse ich im Restaurant zu Mittag.
7. 음식점에 __________ 이 적어요.	Im Restaurant sind wenige Gäste.
8. __________ 이 맛없어요.	Das Essen ist nicht lecker.

WIEDERHOLUNG

❸ Lesen Sie jetzt den folgenden Text auf Koreanisch.

1. 저는 점심시간에 너무 배고파요.

2. 점심을 먹으러 음식점에 가요.

3. 한식을 먹어요. 음식이 맛없어요.

4. 그래서 식당에 손님이 매우 적어요.

❹ Übersetzen Sie nun die Sätze ins Deutsche.

1. ________________

2. ________________

3. ________________

4. ________________

❺ Jetzt können Sie auf der ersten Seite der Lektion alle Wörter, die Sie gelernt haben, abhaken.

5

VERABREDUNGEN

Diese 10 grundlegenden koreanischen Wörter lernen Sie in dieser Lektion:

Kann ich			
○	오후	ohu	*Nachmittag*
○	약속	yaksok	*Verabredung; Versprechen*
○	카페	kape	*Café*
○	기다리다	gidarida	*warten*
○	오다	oda	*kommen*
○	같이	gachi	*zusammen*
○	커피	keopi	*Kaffee*
○	마시다	masida	*trinken*
○	산책하다	sanchaekada	*spazieren*
○	공원	gongwon	*Park*

LOS GEHT'S

1 Hören Sie sich die einzelnen Sätze mit den Lernwörtern genau an und lesen Sie mit.

Die Partikel 에 nach einer Zeitangabe bedeutet hier „an".

오후에 친구하고 약속이 있어요.

Am **Nachmittag** habe ich eine **Verabredung** mit einem Freund.

Die Partikel 하고 steht nach dem Nomen und bedeutet hier „mit".

저는 카페에서 친구를 기다려요.

Ich **warte** im **Café** auf den Freund.

지금 친구가 와요.

Gerade **kommt** der Freund.

Die Partikel 가 markiert das Subjekt des Satzes.

우리는 같이 커피를 마셔요.

Wir **trinken zusammen** **Kaffee.**

그리고 산책하러 공원에 가요.

Und wir gehen in den **Park**, um zu **spazieren**.

VERWANDTE WÖRTER

❶ Hören Sie sich folgende Wörter an und lesen Sie mit. 01

오후 ohu	**Nachmittag**	오전 ojeon	**Vormittag**
		정오 jeongo	**zwölf Uhr/Mittag**
약속 yaksok	**Verabredung, Versprechen**	약속하다 yaksokada	**sich mit jemandem verabreden**
		약속 시간 yaksok sigan	**verabredete Zeit**
		약속 장소 yaksok jangso	**Treffpunkt**
카페 kape	**Café**	커피숍 keopisyop	**Café**
		찻집 chatjip	**Teehaus**
기다리다 gidarida	**warten**	기대하다 gidaehada	**erwarten**
		대기하다 daegihada	**sich bereithalten**
오다 oda	**kommen**	나오다 naoda	**herauskommen**
		들어오다 deureooda	**hereinkommen**
		돌아오다 doraoda	**zurückkommen**

같이 gachi	**zusammen**	**함께** hamkke	**zusammen**
		혼자 honja	**allein**
		따로 ttaro	**getrennt**
커피 keopi	**Kaffee**	**차** cha	**Tee**
		밀크 커피 milkeu keopi	**Milchkaffee**
		아이스 커피 aiseu keopi	**Eiskaffee**
		커피 잔 keopi jan	**Kaffeetasse**
마시다 masida	**trinken**	**음료(수)** eumnyo(su)	**Getränke**
		삼키다 samkida	**schlucken**
산책하다 sanchaekada	**spazieren**	**산책로** sanchaengno	**Spazierweg**
공원 gongwon	**Park**	**놀이공원** norigongwon	**Freizeitpark, Vergnügungspark**
		국립공원 gungnipgongwon	**Nationalpark**
		공원 벤치 gongwon benchi	**Parkbank**

ÜBEN

1 Verbinden Sie die passenden Wörter.

1. 약속	A. kommen
2. 기다리다	B. Nachmittag
3. 공원	C. warten
4. 오후	D. Verabredung, Versprechen
5. 마시다	E. zusammen
6. 오다	F. spazieren
7. 같이	G. Park
8. 산책하다	H. trinken

2 Ergänzen Sie die fehlenden Wörter.

1. 저는 __________ 이 있어요.	Ich habe eine Verabredung.
2. 혼자 친구를 __________ .	Ich warte allein auf den Freund.
3. 친구가 __________ 에 와요.	Der Freund kommt ins Café.
4. 우리는 __________ 커피를 마셔요.	Wir trinken zusammen Kaffee.
5. __________ 에서 산책해요.	Wir spazieren im Park.
6. 친구가 찻집에 __________ .	Der Freund kommt ins Teehaus.
7. 우리는 함께 차를 __________ .	Wir trinken zusammen Tee.
8. __________ 에 산책하러 공원에 가요.	Am Nachmittag gehen wir in den Park, um zu spazieren.

WIEDERHOLUNG

3 Lesen Sie jetzt den folgenden Text auf Koreanisch.

1. 오전에 혼자 밀크 커피를 마셔요.

2. 오후에 친구하고 약속이 있어요.

3. 저는 커피숍에서 친구를 기다려요.

4. 친구가 커피숍에 와요.

5. 우리는 같이 공원에서 산책해요.

4 Übersetzen Sie nun die Sätze ins Deutsche.

1. ______________________________

2. ______________________________

3. ______________________________

4. ______________________________

5. ______________________________

5 Jetzt können Sie auf der ersten Seite der Lektion alle Wörter, die Sie gelernt haben, abhaken.

IM PARK

Diese 10 grundlegenden koreanischen Wörter lernen Sie in dieser Lektion:

Kann ich			
○	안	an	*in; drinnen*
○	작다	jakda	*klein sein*
○	호수	hosu	*See*
○	나무	namu	*Baum*
○	예쁘다	yeppeuda	*schön sein; hübsch sein*
○	꽃	kkot	*Blume*
○	위	wi	*auf; über; oben*
○	새	sae	*Vogel*
○	노래하다	noraehada	*singen*
○	넓다	neolda	*breit sein; weit sein*

LOS GEHT'S

❶ Hören Sie sich die einzelnen Sätze mit den Lernwörtern genau an und lesen Sie mit.

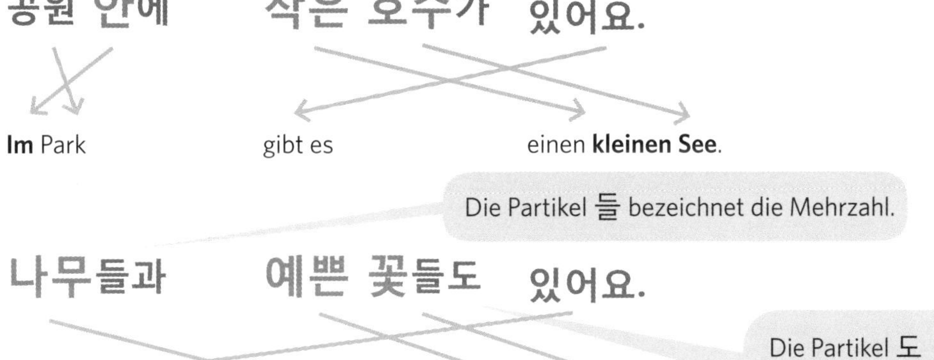

공원 안에 작은 호수가 있어요.

Im Park gibt es einen **kleinen See**.

Die Partikel 들 bezeichnet die Mehrzahl.

나무들과 예쁜 꽃들도 있어요.

Es gibt **Bäume** und auch **schöne Blumen**.

Die Partikel 도 bedeutet „auch“.

나무 위에서 새들이 노래해요.

Auf dem **Baum** **singen** **Vögel**.

공원이 넓고 예뻐요.

Der Park **ist breit** und **schön**.

VERWANDTE WÖRTER

1 Hören Sie sich folgende Wörter an und lesen Sie mit. 018

안 an	**in, drinnen**	밖 bak	**außen, draußen**
		속 sok	**in, innen**
작다 jakda	**klein sein**	작은 jageun	**klein**
		크다 keuda	**groß sein**
호수 hosu	**See**	호숫가 hosutga	**Seeufer**
		강 gang	**Fluss**
나무 namu	**Baum**	나뭇잎 namunnip	**Blatt**
		나무젓가락 namujeotgarak	**Holzstäbchen**
예쁘다 yeppeuda	**schön sein, hübsch sein**	예쁜 yeppeun	**schön, hübsch**
		아름답다 areumdapda	**schön sein**
		귀엽다 gwiyeopda	**niedlich sein**
		밉다 mipda	**hässlich sein, unschön sein**

꽃 kkot	**Blume**	꽃병 kkotbyeong	**Vase**
		꽃다발 kkotdabal	**Blumenstrauß**
		꽃집 kkotjip	**Blumenladen**
		꽃이 피다 kkochi pida	**Blumen blühen**
위 wi	**auf, über, oben**	아래 arae	**unter, unten**
		밑 mit	**unter, unten**
새 sae	**Vogel**	새장 saejang	**Vogelkäfig**
		참새 chamsae	**Spatz, Sperling**
노래하다 noraehada	**singen**	노래 norae	**Lied**
		노래방 noraebang	**Karaoke**
		가수 gasu	**Sänger/in**
		노래를 부르다 noraereul bureuda	**singen**
넓다 neolda	**breit sein, weit sein**	좁다 jopda	**schmal sein, eng sein**

ÜBEN

1 Verbinden Sie die passenden Wörter.

1. 나무	A. Blume
2. 예쁘다	B. See
3. 호수	C. Vogel
4. 작다	D. Baum
5. 꽃	E. singen
6. 넓다	F. schön sein, hübsch sein
7. 새	G. breit sein, weit sein
8. 노래하다	H. klein sein

2 Ergänzen Sie die fehlenden Wörter.

1. 공원 안에 ________ 가 있어요.	Im Park gibt es einen See.
2. ________ 꽃도 있어요.	Es gibt auch schöne Blumen.
3. 나무 위에서 새들이 ________ .	Auf dem Baum singen Vögel.
4. 공원이 ________ 커요.	Der Park ist breit und groß.
5. ________ 밑에도 새들이 많아요.	Auch unter dem Baum sind viele Vögel.
6. 호숫가에 예쁜 ________ 들이 펴요.	Am Seeufer blühen schöne Blumen.
7. ________ 꽃들이 아주 예뻐요.	Kleine Blumen sind sehr schön.
8. ________ 가 작고 귀여워요.	Der Vogel ist klein und niedlich.

WIEDERHOLUNG

3 Lesen Sie jetzt den folgenden Text auf Koreanisch.

1. 공원 안에 아름다운 호수가 있어요.

2. 호숫가에 예쁜 꽃들도 많아요.

3. 나무 위에서 작은 참새가 노래해요.

4. 공원이 아주 크고 넓어요.

4 Übersetzen Sie nun die Sätze ins Deutsche.

1. ______________________________

2. ______________________________

3. ______________________________

4. ______________________________

5 Jetzt können Sie auf der ersten Seite der Lektion alle Wörter, die Sie gelernt haben, abhaken.

DAS WETTER

Diese 10 grundlegenden koreanischen Wörter lernen Sie in dieser Lektion:

019

Kann ich			
○	어제	eoje	*gestern*
○	구름	gureum	*Wolke*
○	비	bi	*Regen*
○	서늘하다	seoneulhada	*kühl sein*
○	오늘	oneul	*heute*
○	날씨	nalssi	*Wetter*
○	좋다	jota	*gut sein*
○	맑다	makda	*klar sein*
○	따뜻하다	ttatteutada	*warm sein*
○	기분	gibun	*Gemüt; Laune*

LOS GEHT'S

1 Hören Sie sich die einzelnen Sätze mit den Lernwörtern genau an und lesen Sie mit.

어제는 구름이 많았어요.

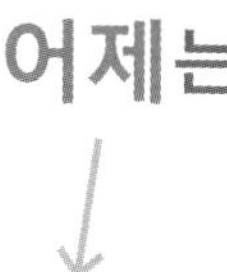

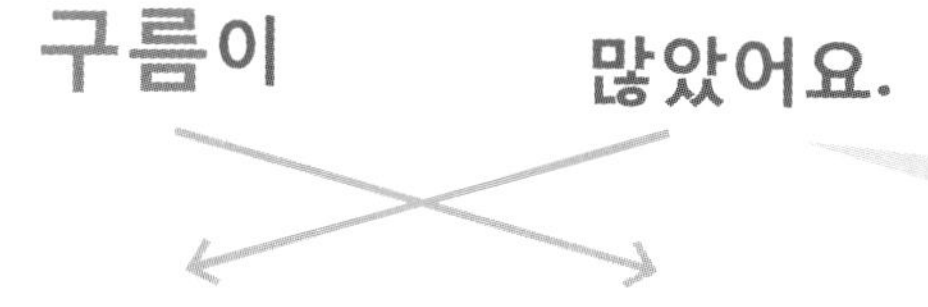

Gestern gab es viele **Wolken**.

많았어요 ist die Vergangenheitsform von „많다".

비가 오고 서늘했어요.

Es hat **geregnet** und **war kühl**.

서늘했어요 ist die Vergangenheitsform von „ 서늘하다 ".

오늘은 날씨가 좋아요.

Heute **ist** das **Wetter** **gut**.

아주 맑고 따뜻해요.

Es **ist** sehr **klar** und **warm**.

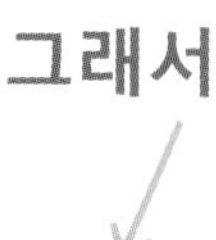

그래서 기분이 아주 좋아요.

Deshalb **bin** ich sehr **gut gelaunt**.

VERWANDTE WÖRTER

❶ Hören Sie sich folgende Wörter an und lesen Sie mit. 021

어제 eoje	**gestern**	그저께 geujeokke	**vorgestern**
		어젯밤 eojetbam	**gestern Nacht**
구름 gureum	**Wolke**	구름이 끼다 gureumi kkida	**wolkig sein**
		흐리다 heurida	**bewölkt sein, trüb sein**
		안개가 끼다 angaega kkida	**neblig sein**
		번개가 치다 beongaega chida	**blitzen**
		천둥이 치다 cheondungi chida	**donnern**
비 bi	**Regen**	비가 오다 biga oda	**regnen**
		소나기 sonagi	**Regenschauer**
서늘하다 seoneulhada	**kühl sein**	시원하다 siwonhada	**angenehm frisch sein, erfrischend sein**
		선선하다 seonseonhada	**kühl sein**
		바람이 불다 barami bulda	**windig sein**

오늘 oneul	**heute**	오늘 아침 oneul achim	**heute Morgen**
		오늘날 oneullal	**heutzutage**
날씨 nalssi	**Wetter**	기후 gihu	**Klima**
		일기 예보 ilgi yebo	**Wettervorhersage**
		기온 gion	**Lufttemperatur**
		습도 seupdo	**Luftfeuchtigkeit**
좋다 jota	**gut sein**	나쁘다 nappeuda	**schlecht sein**
맑다 makda	**klar sein**	해가 나다 haega nada	**sonnig sein**
		화창하다 hwachanghada	**sonnig sein**
따뜻하다 ttatteutada	**warm sein**	덥다 deopda	**sehr warm sein, heiß sein (nur für das Wetter)**
		춥다 chupda	**kalt sein (nur für das Wetter)**
기분 gibun	**Gemüt, Laune**	기분이 좋다 gibuni jota	**gut gelaunt sein, gute Laune haben**
		기분이 나쁘다 gibuni nappeuda	**schlecht gelaunt sein, schlechte Laune haben**

ÜBEN

1 Verbinden Sie die passenden Wörter.

1. 오늘	A. klar sein
2. 구름	B. Regen
3. 날씨	C. Wetter
4. 맑다	D. heute
5. 비	E. Wolke
6. 서늘하다	F. gut sein
7. 기분	G. kühl sein
8. 좋다	H. Gemüt, Laune

2 Ergänzen Sie die fehlenden Wörter.

1. ________ 는 구름이 많았어요.	Gestern gab es viele Wolken.
2. ________ 가 오고 선선했어요.	Es hat geregnet und war kühl.
3. ________ 은 날씨가 좋아요.	Heute ist das Wetter gut.
4. 아주 맑고 ________ .	Es ist sehr klar und warm.
5. 그래서 기분이 너무 ________ .	Deshalb bin ich sehr gut gelaunt.
6. 그저께는 ________ 가 나빴어요.	Vorgestern war das Wetter schlecht.
7. ________ 이 끼고 추웠어요.	Es war wolkig und kalt.
8. 그래서 ________ 이 나빴어요.	Deshalb hatte ich schlechte Laune.

WIEDERHOLUNG

3 Lesen Sie jetzt den folgenden Text auf Koreanisch.

1. 어제는 날씨가 나빴어요.
2. 흐리고 비가 많이 왔어요.
3. 그래서 아주 서늘했어요.
4. 오늘은 해가 나고 구름이 없어요.
5. 날씨가 따뜻하고 너무 좋아요.

4 Übersetzen Sie nun die Sätze ins Deutsche.

1. ______________________________
2. ______________________________
3. ______________________________
4. ______________________________
5. ______________________________

5 Jetzt können Sie auf der ersten Seite der Lektion alle Wörter, die Sie gelernt haben, abhaken.

BEI DER ARBEIT

Diese 10 grundlegenden koreanischen Wörter lernen Sie in dieser Lektion:

022

Kann ich			
○	회사	hoesa	*Firma*
○	다니다	danida	*hin und her gehen; regelmäßig besuchen*
○	내일	naeil	*morgen*
○	중요하다	jungyohada	*wichtig sein*
○	회의	hoeui	*Besprechung*
○	사무실	samusil	*Büro*
○	서류	seoryu	*Akte; Dokument; Unterlagen*
○	준비하다	junbihada	*vorbereiten*
○	저녁	jeonyeok	*Abend*
○	일하다	ilhada	*arbeiten*

LOS GEHT'S

1 Hören Sie sich die einzelnen Sätze mit den Lernwörtern genau an und lesen Sie mit.

제 친구는 회사에 다녀요.

Mein Freund **geht** zur **Firma**.
(Mein Freund **arbeitet bei** einer **Firma**.)

내일 중요한 회의가 있어요.

Morgen gibt es eine **wichtige** **Besprechung**.

사무실에서 서류를 준비해요.

Im **Büro** **bereitet** er die **Unterlagen** **vor**.

아침부터 저녁까지 회사에서 일해요.

Er **arbeitet** vom Morgen bis zum **Abend** in der **Firma**.

Die Partikel 까지 bedeutet „bis".

Die Partikel 부터 bedeutet „von".

VERWANDTE WÖRTER

1 Hören Sie sich folgende Wörter an und lesen Sie mit.

02

회사 hoesa	**Firma**	회사원 hoesawon	**Angestellte/r**
		직장 jikjang	**Arbeitsplatz**
		경력 gyeongnyeok	**Karriere**
다니다 danida	**hin und her gehen, regelmäßig besuchen**	회사에 다니다 hoesae danida	**bei einer Firma arbeiten**
		학교에 다니다 hakgyoe danida	**zur Schule gehen, eine Schule besuchen**
내일 naeil	**morgen**	모레 more	**übermorgen**
		다음 날 daeum nal	**nächster Tag**
중요하다 jungyohada	**wichtig sein**	중요한 jungyohan	**wichtig**
		필요하다 piryohada	**nötig sein, brauchen, notwendig sein**
		사소하다 sasohada	**unbedeutend sein, unwichtig sein**
회의 hoeui	**Besprechung**	회의실 hoeuisil	**Besprechungsraum**
		회의록 hoeuirok	**Besprechungs-protokoll**

사무실 samusil	**Büro**	사무실 의자 samusil uija	**Bürostuhl**
		사무용품 samuyongpum	**Bürobedarf, Büroartikel**
		상사 sangsa	**Vorgesetzte/r, Chef/in**
		동료 dongnyo	**Kollege/Kollegin**
서류 seoryu	**Akte, Dokument, Unterlagen**	서류철 seoryucheol	**Ordner, Mappe**
		서류가방 seoryugabang	**Aktentasche**
준비하다 junbihada	**vorbereiten**	준비 junbi	**Vorbereitung**
		준비물 junbimul	**Vorbereitungs-material**
저녁 jeonyeok	**Abend**	밤 bam	**Nacht**
		자정 jajeong	**Mitternacht**
일하다 ilhada	**arbeiten**	일 il	**Arbeit**
		직업 jigeop	**Beruf**
		놀다 nolda	**spielen, sich vergnügen, arbeitslos sein**

ÜBEN

1 Verbinden Sie die passenden Wörter.

1. 내일	A. wichtig sein
2. 회의	B. Firma
3. 서류	C. Büro
4. 중요하다	D. morgen
5. 회사	E. vorbereiten
6. 일하다	F. Besprechung
7. 사무실	G. arbeiten
8. 준비하다	H. Akte, Dokument, Unterlagen

2 Ergänzen Sie die fehlenden Wörter.

1. 제 친구는 ________ 에 다녀요.	Mein Freund arbeitet bei einer Firma.
2. ________ 회의가 있어요.	Es gibt eine wichtige Besprechung.
3. 사무실에서 서류를 ________ .	Er bereitet im Büro die Unterlagen vor.
4. 아침부터 ________ 까지 일해요.	Er arbeitet vom Morgen bis zum Abend.
5. 저는 회사에 ________ .	Ich arbeite bei einer Firma.
6. ________ 가 매우 중요해요.	Die Besprechung ist sehr wichtig.
7. 저는 ________ 에서 서류를 준비해요.	Ich bereite im Büro die Unterlagen vor.
8. 저녁 늦게까지 회사에서 ________ .	Ich arbeite bis zum späten Abend in der Firma.

WIEDERHOLUNG

3 Lesen Sie jetzt den folgenden Text auf Koreanisch.

1. 친한 친구가 회사에 다녀요.

2. 동료들하고 같이 사무실에서 일해요.

3. 내일 오전에 중요한 회의가 있어요.

4. 그래서 저녁 늦게까지 서류를 준비해요.

4 Übersetzen Sie nun die Sätze ins Deutsche.

1. ______________________________

2. ______________________________

3. ______________________________

4. ______________________________

5 Jetzt können Sie auf der ersten Seite der Lektion alle Wörter, die Sie gelernt haben, abhaken.

9

AM WOCHENENDE

Diese 10 grundlegenden koreanischen Wörter lernen Sie in dieser Lektion:

02

Kann ich			
○	주말	jumal	*Wochenende*
○	시간	sigan	*Zeit*
○	책	chaek	*Buch*
○	읽다	ikda	*lesen*
○	음악	eumak	*Musik*
○	듣다	deutda	*hören*
○	집	jip	*Haus; Wohnung*
○	청소하다	cheongsohada	*putzen*
○	극장	geukjang	*Kino; Theater (Gebäude)*
○	영화	yeonghwa	*Film*

LOS GEHT'S

1 Hören Sie sich die einzelnen Sätze mit den Lernwörtern genau an und lesen Sie mit.

Am **Wochenende** habe ich viel **Zeit**.

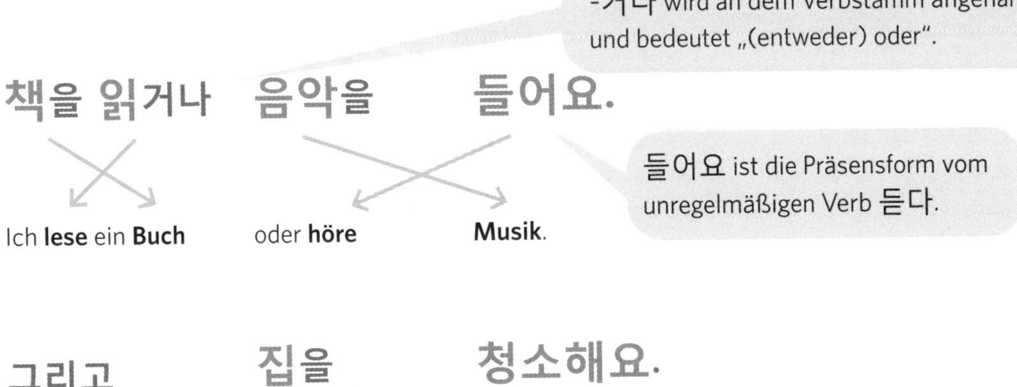

Ich **lese** ein **Buch** oder **höre** **Musik**.

Und ich **putze** die **Wohnung**.

(Und) ich schaue im **Kino** auch einen **Film**.

VERWANDTE WÖRTER

1 Hören Sie sich folgende Wörter an und lesen Sie mit. 02

주말 jumal	**Wochenende**	평일 pyeongil	**Arbeitstag, Werktag**
		주 ju	**Woche**
		주 중 ju jung	**unter der Woche**
		이번 주말 ibeon jumal	**dieses Wochenende**
시간 sigan	**Zeit**	시간표 siganpyo	**Zeitplan**
		시계 sigye	**Uhr**
책 chaek	**Buch**	책상 chaeksang	**Schreibtisch**
		책가방 chaekgabang	**Schulranzen, Schultasche**
		책장 chaekjang	**Bücherregal**
		공책 gongchaek	**Heft**
읽다 ikda	**lesen**	쓰다 sseuda	**schreiben**
		독서하다 dokseohada	**Buch lesen**

음악 eumak	**Musik**	악기 akgi	**Musikinstrument**
		음악회 eumakoe	**Konzert**
듣다 deutda	**hören**	알아듣다 aradeutda	**verstehen, begreifen**
		잘못 듣다 jalmot deutda	**missverstehen, sich verhören**
집 jip	**Haus, Wohnung**	아파트 apateu	**Wohnung, Apartment**
		새집 saejip	**neue Wohnung, neues Haus**
		빵집 ppangjip	**Bäckerei**
청소하다 cheongsohada	**putzen**	진공 청소기 jingong cheongsogi	**Staubsauger**
		정리하다 jeongnihada	**aufräumen**
극장 geukjang	**Kino, Theater (Gebäude)**	연극 yeongeuk	**Theater (Darstellung)**
영화 yeonghwa	**Film**	영화관 yeonghwagwan	**Kino**
		영화표 yeonghwapyo	**Kinokarte**
		영화배우 yeonghwabaeu	**Schauspieler/in**

ÜBEN

1 Verbinden Sie die passenden Wörter.

1. 주말	A. Haus, Wohnung
2. 읽다	B. Buch
3. 집	C. lesen
4. 시간	D. Wochenende
5. 듣다	E. Film
6. 책	F. hören
7. 음악	G. Zeit
8. 영화	H. Musik

2 Ergänzen Sie die fehlenden Wörter.

1. ________ 에 시간이 있어요.	Am Wochenende habe ich Zeit.
2. 책을 읽거나 ________ 을 들어요.	Ich lese ein Buch oder höre Musik.
3. 그리고 집을 ________ .	Und ich putze die Wohnung.
4. ________ 에서 영화를 봐요.	Ich schaue im Kino einen Film.
5. 저는 내일 ________ 이 없어요.	Ich habe morgen keine Zeit.
6. 주 중에 음악을 듣거나 ________ 를 봐요.	Unter der Woche höre ich Musik oder schaue einen Film.
7. 저는 매일 ________ 을 읽어요.	Ich lese jeden Tag ein Buch.
8. 우리는 주말에 ________ 을 청소해요.	Wir putzen das Haus am Wochenende.

WIEDERHOLUNG

3 Lesen Sie jetzt den folgenden Text auf Koreanisch.

1. 저는 평일에 시간이 많아요.
2. 집을 청소하거나 책상을 정리해요.
3. 주말에 연극을 보거나 영화관에 가요.
4. 이번 주말에는 음악회에 가요.

4 Übersetzen Sie nun die Sätze ins Deutsche.

1. ______
2. ______
3. ______
4. ______

5 Jetzt können Sie auf der ersten Seite der Lektion alle Wörter, die Sie gelernt haben, abhaken.

10

FAMILIENURLAUB

Diese 10 grundlegenden koreanischen Wörter lernen Sie in dieser Lektion:

☑ **Kann ich**			
○	여름	yeoreum	*Sommer*
○	휴가	hyuga	*Urlaub; Ferien*
○	가족	gajok	*Familie*
○	여행하다	yeohaenghada	*reisen*
○	높다	nopda	*hoch sein*
○	산	san	*Berg*
○	형	hyeong	*älterer Bruder eines Mannes*
○	바다	bada	*Meer*
○	수영하다	suyeonghada	*schwimmen*
○	정말	jeongmal	*wirklich*

LOS GEHT'S

1 Hören Sie sich die einzelnen Sätze mit den Lernwörtern genau an und lesen Sie mit.

029

여름 휴가에 가족하고 여행했어요.

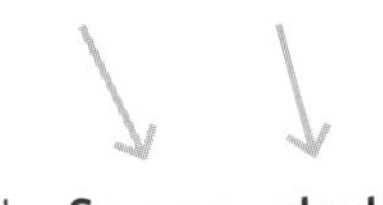

Im **Sommerurlaub** **bin** ich mit der **Familie** **gereist**.

여행했어요 ist die Vergangenheitsform von „여행하다".

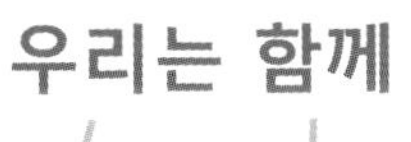

우리는 함께 높은 산에 갔어요.

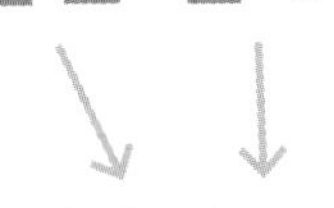

Wir sind zusammen zum **hohen Berg** gefahren.

갔어요 ist die Vergangenheitsform von „가다".

형하고 바다에서 수영도 했어요.

Mit (meinem) **Bruder** **bin** ich auch im **Meer** **geschwommen**.

수영했어요 ist die Vergangenheitsform von „수영하다".

휴가가 정말 좋았어요.

Der **Urlaub** war **wirklich** gut.

좋았어요 ist die Vergangenheitsform von „좋다".

VERWANDTE WÖRTER

1 Hören Sie sich folgende Wörter an und lesen Sie mit. 03

여름 yeoreum	**Sommer**	봄 bom	**Frühling**
		가을 gaeul	**Herbst**
		겨울 gyeoul	**Winter**
		계절 gyejeol	**Jahreszeit**
휴가 hyuga	**Urlaub, Ferien**	방학 banghak	**Schulferien**
		휴일 hyuil	**Feiertag, Ruhetag**
가족 gajok	**Familie**	식구 sikgu	**Familie**
		친척 chincheok	**Verwandte/r**
여행하다 yeohaenghada	**reisen**	여행 yeohaeng	**Reise**
		여행사 yeohaengsa	**Reisebüro**
		여권 yeogwon	**Reisepass**
		출장 chuljang	**Geschäftsreise, Dienstreise**

높다 nopda	**hoch sein**	높은 nopeun	**hoch**
		낮다 natda	**niedrig sein**
산 san	**Berg**	등산하다 deungsanhada	**auf den Berg steigen, wandern**
		산맥 sanmaek	**Gebirge**
형 hyeong	**älterer Bruder eines Mannes**	오빠 oppa	**älterer Bruder einer Frau**
		누나 nuna	**ältere Schwester eines Mannes**
		언니 eonni	**ältere Schwester einer Frau**
바다 bada	**Meer**	바닷가 badatga	**Strand**
		해수욕장 haesuyokjang	**Badestrand**
수영하다 suyeonghada	**schwimmen**	수영장 suyeongjang	**Schwimmbad**
		수영복 suyeongbok	**Badeanzug**
		수영 모자 suyeong moja	**Badekappe**
정말 jeongmal	**wirklich**	참 cham	**wirklich**

ÜBEN

1 Verbinden Sie die passenden Wörter.

1. 가족	A. hoch sein
2. 여름	B. Urlaub, Ferien
3. 높다	C. Meer
4. 바다	D. Familie
5. 여행하다	E. schwimmen
6. 산	F. Sommer
7. 휴가	G. Berg
8. 수영하다	H. reisen

2 Ergänzen Sie die fehlenden Wörter.

1. ________ 에 휴가를 가요.	Im Sommer fahre ich in Urlaub.
2. 저는 ________ 하고 함께 등산해요.	Ich wandere mit der Familie zusammen in den Bergen.
3. 산이 ________ 높아요.	Der Berg ist wirklich hoch.
4. 형은 ________ 산을 좋아해요.	Mein älterer Bruder mag hohe Berge.
5. 저는 바다에서 ________ .	Ich schwimme im Meer.
6. 겨울 방학에 언니하고 ________ .	In den Winterferien bin ich mit meiner älteren Schwester gereist.
7. 우리는 ________ 에 갔어요.	Wir sind ans Meer gefahren.
8. ________ 가 참 좋았어요.	Der Urlaub war wirklich gut.

WIEDERHOLUNG

3 Lesen Sie jetzt den folgenden Text auf Koreanisch.

1. 저는 여름 방학에 여행했어요.
2. 가족하고 같이 휴가를 갔어요.
3. 우리는 등산하고 바다에서 수영했어요.
4. 산과 바다가 정말 좋았어요.

4 Übersetzen Sie nun die Sätze ins Deutsche.

1. ______________________________
2. ______________________________
3. ______________________________
4. ______________________________

5 Jetzt können Sie auf der ersten Seite der Lektion alle Wörter, die Sie gelernt haben, abhaken.

GEBURTSTAGSGESCHENKE

Diese 10 grundlegenden koreanischen Wörter lernen Sie in dieser Lektion:

Kann ich			
○	동생	dongsaeng	*jüngere Geschwister*
○	생일	saengil	*Geburtstag*
○	선물	seonmul	*Geschenk*
○	사다	sada	*kaufen*
○	백화점	baekwajeom	*Kaufhaus*
○	운동	undong	*Sport*
○	좋아하다	joahada	*mögen*
○	축구공	chukgugong	*Fußball (Spielgerät)*
○	케이크	keikeu	*Kuchen; Torte*
○	만들다	mandeulda	*etwas machen*

LOS GEHT'S

1 Hören Sie sich die einzelnen Sätze mit den Lernwörtern genau an und lesen Sie mit.

032

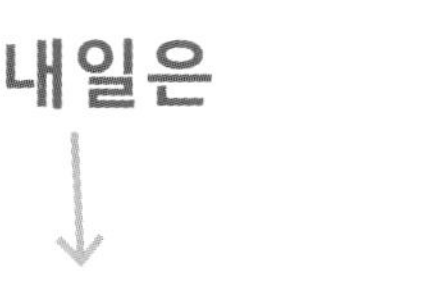

내일은 제 동생 생일이에요.

Morgen ist der **Geburtstag** meines **jüngeren Bruders**.

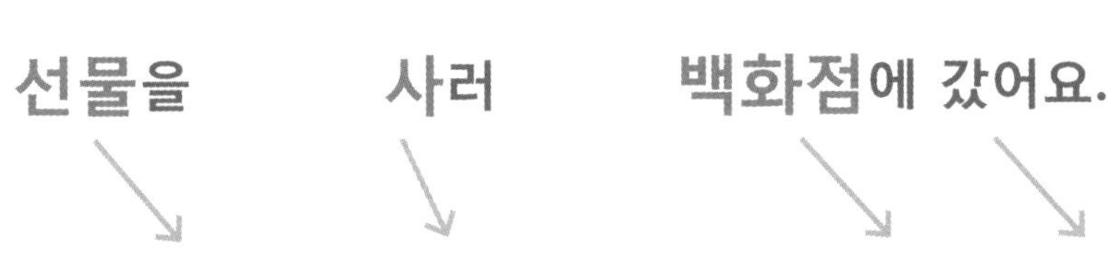

선물을 사러 백화점에 갔어요.

Um ein **Geschenk** zu **kaufen**, bin ich ins **Kaufhaus** gegangen.

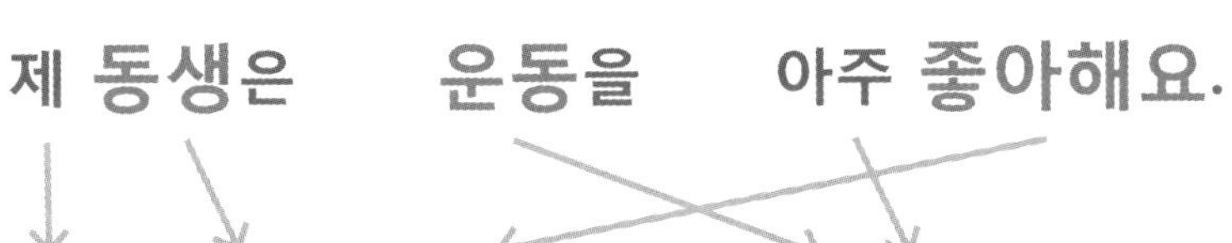

제 동생은 운동을 아주 좋아해요.

Mein **jüngerer Bruder** **mag** **Sport** sehr.

그래서 축구공을 샀어요.

샀어요 ist die Vergangenheitsform von „ 사다 ".

Deshalb **habe** ich einen **Fußball gekauft**.

저녁에 케이크도 만들 거예요.

만들 거예요 ist die Zukunftsform von „만들다".

Am Abend werde ich auch eine **Torte machen**.

VERWANDTE WÖRTER

❶ Hören Sie sich folgende Wörter an und lesen Sie mit.

03

동생 dongsaeng	**jüngere Geschwister**	남동생 namdongsaeng	**jüngerer Bruder**
		여동생 yeodongsaeng	**jüngere Schwester**
생일 saengil	**Geburtstag**	생신 saengsin	**Geburtstag (honorativ)**
		생일 파티 saengil pati	**Geburtstagsfeier**
		생일 카드 saengil kadeu	**Geburtstagskarte**
선물 seonmul	**Geschenk**	생일 선물 saengil seonmul	**Geburtstagsgeschenk**
		선물하다 seonmulhada	**schenken**
		선물 상자 seonmul sangja	**Geschenkkarton**
사다 sada	**kaufen**	팔다 palda	**verkaufen**
백화점 baekwajeom	**Kaufhaus**	상점 sangjeom	**Laden, Geschäft**
		편의점 pyeonuijeom	**Minimarkt, 24-Stunden-Laden**
		슈퍼마켓 syupeomaket	**Supermarkt**

운동 undong	**Sport**	운동하다 undonghada	**Sport treiben**
		운동장 undongjang	**Sportplatz**
		운동화 undonghwa	**Turnschuh**
		운동선수 undongseonsu	**Sportler/in**
좋아하다 joahada	**mögen**	사랑하다 saranghada	**lieben**
		싫어하다 sireohada	**hassen, nicht mögen**
축구공 chukgugong	**Fußball (Spielgerät)**	공 gong	**Ball**
		축구 chukgu	**Fußball (Sportart)**
		축구 경기 chukgu gyeonggi	**Fußballturnier**
케이크 keikeu	**Kuchen, Torte**	생일 케이크 saengil keikeu	**Geburtstagskuchen, Geburtstagstorte**
		팬케이크 paenkeikeu	**Pfannkuchen**
		치즈 케이크 chijeu keikeu	**Käsekuchen**
만들다 mandeulda	**etwas machen**	케이크를 만들다 keikeureul mandeulda	**Torte machen/ Kuchen backen**

ÜBEN

1 Verbinden Sie die passenden Wörter.

1. 생일	A. kaufen
2. 사다	B. Geschenk
3. 동생	C. mögen
4. 선물	D. Geburtstag
5. 만들다	E. Sport
6. 축구공	F. jüngere Geschwister
7. 운동	G. Fußball
8. 좋아하다	H. etwas machen

2 Ergänzen Sie die fehlenden Wörter.

1. 내일은 제 남동생 __________ 이에요.	Morgen ist der Geburtstag meines jüngeren Bruders.
2. 생일 __________ 을 사요.	Ich kaufe ein Geburtstagsgeschenk.
3. 제 동생은 운동을 __________.	Mein Bruder mag Sport.
4. 그래서 __________ 을 사요.	Deshalb kaufe ich einen Fußball.
5. 생일 카드도 __________ 거예요.	Ich werde auch eine Geburtstagskarte machen.
6. 여동생은 __________ 을 싫어해요.	Meine Schwester hasst Sport.
7. 저는 __________ 에서 선물을 사요.	Ich kaufe ein Geschenk im Kaufhaus.
8. __________ 도 만들어요.	Ich backe auch einen Kuchen.

WIEDERHOLUNG

3 Lesen Sie jetzt den folgenden Text auf Koreanisch.

1. 오늘은 남동생 생일이에요.
2. 백화점에서 생일 선물을 샀어요.
3. 제 동생은 축구를 너무 좋아해요.
4. 그래서 축구공과 운동화를 샀어요.
5. 생일 케이크도 만들었어요.

4 Übersetzen Sie nun die Sätze ins Deutsche.

1. ______________________________
2. ______________________________
3. ______________________________
4. ______________________________
5. ______________________________

5 Jetzt können Sie auf der ersten Seite der Lektion alle Wörter, die Sie gelernt haben, abhaken.

12

EINKAUFEN

Diese 10 grundlegenden koreanischen Wörter lernen Sie in dieser Lektion:

☑ Kann ich			
○	어머니	eomeoni	*Mutter*
○	시장	sijang	*Markt*
○	장(을) 보다	jang(eul) boda	*(Lebensmittel) einkaufen*
○	과일	gwail	*Obst*
○	채소	chaeso	*Gemüse*
○	싱싱하다	singsinghada	*frisch sein*
○	고기	gogi	*Fleisch*
○	생선	saengseon	*Fisch; Speisefisch (als Essen)*
○	싸다	ssada	*billig sein*
○	시끄럽다	sikkeureopda	*laut sein; geräuschvoll sein*

LOS GEHT'S

1 Hören Sie sich die einzelnen Sätze mit den Lernwörtern genau an und lesen Sie mit.

035

어머니랑 시장에서 장을 봐요.

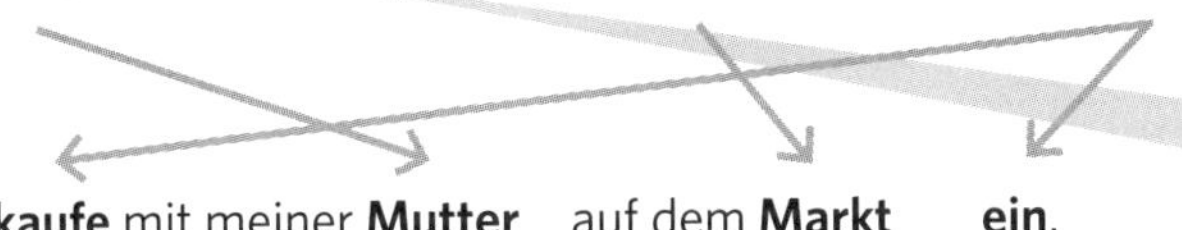

Ich **kaufe** mit meiner **Mutter** auf dem **Markt** **ein**.

Die Partikel 랑 steht nach dem Nomen und bedeutet hier „mit".

과일과 채소가 정말 싱싱해요.

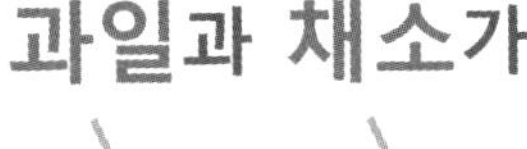

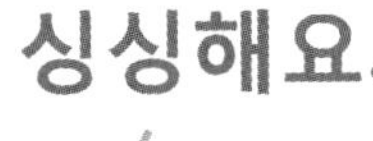

Das **Obst** und das **Gemüse** **sind** wirklich **frisch**.

Mit 와 kann man Nomen verbinden und das bedeutet hier „und".

고기와 생선은 싸고 좋아요.

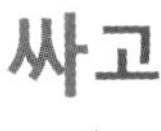
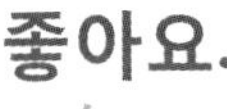

Das **Fleisch** und der **Fisch** **sind billig** und gut.

하지만 시장은 너무 시끄러워요.

Aber der **Markt** **ist** sehr **laut**.

Das Bindewort 하지만 heißt „(zwar) aber".

VERWANDTE WÖRTER

❶ Hören Sie sich folgende Wörter an und lesen Sie mit. 036

어머니 eomeoni	**Mutter**	엄마 eomma	**Mama**
		새어머니 saeeomeoni	**Stiefmutter**
		할머니 halmeoni	**Großmutter**
시장 sijang	**Markt**	벼룩시장 byeoruksijang	**Flohmarkt**
		수산시장 susansijang	**Fischmarkt**
장(을) 보다 jang(eul) boda	**(Lebensmittel) einkaufen**	쇼핑하다 syopinghada	**einkaufen, shoppen**
		장바구니 jangbaguni	**Einkaufskorb**
과일 gwail	**Obst**	과일 가게 gwail gage	**Obstladen**
		과일 주스 gwail juseu	**Fruchtsaft**
채소 chaeso	**Gemüse**	야채 yachae	**Gemüse**
		야채 샐러드 yachae saelleodeu	**Grüner Salat**
		채식주의자 chaesikjuuija	**Vegetarier/in**

싱싱하다 singsinghada	**frisch sein**	신선하다 sinseonhada	**frisch sein**
		상하다 sanghada	**verderben**
고기 gogi	**Fleisch**	소고기 sogogi	**Rindfleisch**
		돼지고기 dwaejigogi	**Schweinefleisch**
		양고기 yanggogi	**Lammfleisch**
		닭고기 dakgogi	**Hühnerfleisch**
생선 saengseon	**Fisch, Speisefisch (als Essen)**	물고기 mulgogi	**Fisch (als Lebewesen)**
		생선구이 saengseongui	**gegrillter Fisch**
		생선회 saengseonhoe	**roher Fisch**
		해산물 haesanmul	**Meeresfrüchte**
싸다 ssada	**billig sein**	비싸다 bissada	**teuer sein**
		싸게 사다 ssage sada	**Schnäppchen machen, günstig einkaufen**
시끄럽다 sikkeureopda	**laut sein, geräuschvoll sein**	조용하다 joyonghada	**still sein, ruhig sein**

ÜBEN

1 Verbinden Sie die passenden Wörter.

1. 시장	A. Fleisch
2. 과일	B. frisch sein
3. 고기	C. einkaufen
4. 싸다	D. Markt
5. 싱싱하다	E. Gemüse
6. 채소	F. Obst
7. 장(을) 보다	G. Fisch
8. 생선	H. billig sein

2 Ergänzen Sie die fehlenden Wörter.

1. ________ 랑 시장에서 장을 봐요.	Ich kaufe mit meiner Mutter auf dem Markt ein.
2. ________ 과 채소가 싸요.	Obst und Gemüse sind billig.
3. 생선은 정말 ________ .	Der Fisch ist wirklich frisch.
4. 하지만 시장은 ________ .	Aber der Markt ist laut.
5. 저는 백화점에서 ________ .	Ich kaufe im Kaufhaus ein.
6. ________ 가 너무 비싸요.	Das Fleisch ist zu teuer.
7. ________ 과 야채도 비싸요.	Fisch und Gemüse sind auch teuer.
8. 그래서 엄마는 ________ 에서 장을 봐요.	Deshalb kauft meine Mama auf dem Markt ein.

WIEDERHOLUNG

3 Lesen Sie jetzt den folgenden Text auf Koreanisch.

1. 엄마랑 슈퍼마켓에서 장을 봐요.
2. 고기가 비싸요. 하지만 아주 신선해요.
3. 수산시장에서 생선을 싸게 사요.
4. 아침에 수산시장은 정말 시끄러워요.

4 Übersetzen Sie nun die Sätze ins Deutsche.

1. ______________________________
2. ______________________________
3. ______________________________
4. ______________________________

5 Jetzt können Sie auf der ersten Seite der Lektion alle Wörter, die Sie gelernt haben, abhaken.

13

VERKEHRSMITTEL

Diese 10 grundlegenden koreanischen Wörter lernen Sie in dieser Lektion:

✓ Kann ich			
○	길	gil	*Straße; Weg*
○	자동차	jadongcha	*Auto*
○	지하철	jihacheol	*U-Bahn*
○	버스	beoseu	*Bus*
○	빠르다	ppareuda	*schnell sein*
○	타다	tada	*einsteigen*
○	택시	taeksi	*Taxi*
○	가깝다	gakkapda	*nah sein*
○	걷다	geotda	*(zu Fuß) gehen; laufen*
○	자전거	jajeongeo	*Fahrrad*

LOS GEHT'S

1 Hören Sie sich die einzelnen Sätze mit den Lernwörtern genau an und lesen Sie mit.

038

길에 자동차가 너무 많아요.

Auf der **Straße** sind zu viele **Autos**.

> 보다 wird an das Nomen angehängt, mit dem verglichen wird und bedeutet „als".

지하철이 버스보다 빨라서 지하철을 타요.

Weil die **U-Bahn schneller** als der **Bus** ist, **nehme** ich die **U-Bahn**.

> Die Nebensatzendung –아서 drückt den Grund für die Handlung im Hauptsatz aus und bedeutet hier „weil".

시간이 없으면 택시를 타요.

Wenn ich keine Zeit habe, **nehme** ich ein **Taxi**.

> Die Nebensatzendung –(으)면 bedeutet „wenn".

약속 장소가 집에서 가까우면

Wenn der Treffpunkt vom Haus **nah ist**,

> Die Partikel 로 bezeichnet das Mittel und bedeutet hier „mit".

걸어서 가거나 자전거로 가요.

gehe ich **zu Fuß** oder fahre ich mit dem **Fahrrad**.

VERWANDTE WÖRTER

❶ Hören Sie sich folgende Wörter an und lesen Sie mit.

03

길 gil	**Straße, Weg**	거리 geori	**Straße, Weg**
		골목 golmok	**Gasse**
		고속도로 gosokdoro	**Autobahn**
자동차 jadongcha	**Auto**	승용차 seungyongcha	**Personenkraftwagen (PKW)**
		화물차 hwamulcha	**Lastkraftwagen (LKW)**
		주차 jucha	**Parken**
		차고 chago	**Garage**
지하철 jihacheol	**U-Bahn**	지하철역 jihacheollyeok	**U-Bahn-Station**
		지하도 jihado	**Unterführung**
버스 beoseu	**Bus**	버스정류장 beoseujeongnyujang	**Bushaltestelle**
		고속버스 gosokbeoseu	**Expressbus**
		관광버스 gwangwangbeoseu	**Reisebus**

빠르다 ppareuda	**schnell sein**	느리다 neurida	**langsam sein**
		빨리 ppalli	**schnell**
타다 tada	**einsteigen**	내리다 naerida	**aussteigen**
		갈아타다 garatada	**umsteigen**
택시 taeksi	**Taxi**	택시 요금 taeksi yogeum	**Taxitarif, Taxi-Fahrpreis**
		택시 기사 taeksi gisa	**Taxifahrer/in**
가깝다 gakkapda	**nah sein**	멀다 meolda	**weit entfernt sein**
걷다 geotda	**(zu Fuß) gehen, laufen**	걸어서 georeoseo	**zu Fuß**
		뛰다 ttwida	**laufen, springen**
		달리다 dallida	**laufen, rennen**
자전거 jajeongeo	**Fahrrad**	전기자전거 jeongijajeongeo	**Elektrofahrrad**
		자전거 헬멧 jajeongeo helmet	**Fahrradhelm**
		산악 자전거 sanak jajeongeo	**Mountainbike**

ÜBEN

1 Verbinden Sie die passenden Wörter.

1. 타다	A. Fahrrad
2. 길	B. U-Bahn
3. 자전거	C. nah sein
4. 걷다	D. einsteigen
5. 지하철	E. Auto
6. 빠르다	F. (zu Fuß) gehen, laufen
7. 자동차	G. Straße, Weg
8. 가깝다	H. schnell sein

2 Ergänzen Sie die fehlenden Wörter.

1. 길에 ________ 가 많아요.	Auf der Straße sind viele Autos.
2. ________ 이 아주 빨라요.	Die U-Bahn ist sehr schnell.
3. 시간이 없으면 택시를 ________ .	Wenn ich keine Zeit habe, nehme ich ein Taxi.
4. 학교에 ________ 가요.	Ich gehe zur Schule zu Fuß.
5. ________ 로 회사에 가요.	Ich fahre zur Firma mit dem Fahrrad.
6. ________ 에 사람이 많아요.	Auf der Straße sind viele Leute.
7. 저는 지금 ________ 를 타요.	Ich steige jetzt in den Bus ein.
8. ________ 가 지하철보다 느려요.	Ein Taxi ist langsamer als die U-Bahn.

WIEDERHOLUNG

3 Lesen Sie jetzt den folgenden Text auf Koreanisch.

1. 거리에 승용차가 너무 많아요.
2. 시간이 없어요. 그래서 택시를 타요.
3. 하지만 지하철이 택시보다 빨라요.
4. 회사가 집에서 멀어요. 버스로 가요.
5. 백화점이 가까워요. 걸어서 가요.

4 Übersetzen Sie nun die Sätze ins Deutsche.

1. ______________________________
2. ______________________________
3. ______________________________
4. ______________________________
5. ______________________________

5 Jetzt können Sie auf der ersten Seite der Lektion alle Wörter, die Sie gelernt haben, abhaken.

14

IM ZUG

Diese 10 grundlegenden koreanischen Wörter lernen Sie in dieser Lektion:

☑ **Kann ich**			
○	역	yeok	*Bahnhof*
○	차표	chapyo	*Fahrkarte*
○	기차	gicha	*Zug*
○	창문	changmun	*Fenster*
○	옆	yeop	*neben; bei; an*
○	출발하다	chulbalhada	*abfahren; losfahren*
○	터널	teoneol	*Tunnel*
○	다리	dari	*Brücke*
○	지나다	jinada	*durch etwas gehen; vorbeigehen; vergehen*
○	재미있다	jaemiitda	*interessant sein*

LOS GEHT'S

1 Hören Sie sich die einzelnen Sätze mit den Lernwörtern genau an und lesen Sie mit.

041

저는 역에서 차표를 사요.

Ich kaufe eine **Fahrkarte** am **Bahnhof**.

기차를 타고 창문 옆에 앉아요.

Ich steige in den **Zug** ein und setze mich **an** das **Fenster**.

기차가 지금 출발해요.

Der **Zug** **fährt** jetzt **ab**.

터널과 다리를 지나요.

Er **fährt durch** einen **Tunnel** und **über** eine **Brücke**.

기차 여행은 정말 재미있어요.

Die **Zug**reise **ist** wirklich **interessant**.

VERWANDTE WÖRTER

1 Hören Sie sich folgende Wörter an und lesen Sie mit.

역 yeok	**Bahnhof**	중앙역 jungangyeok	**Hauptbahnhof**
		종착역 jongchangnyeok	**Endstation**
차표 chapyo	**Fahrkarte**	표 pyo	**Karte**
		기차표 gichapyo	**Zugticket**
기차 gicha	**Zug**	기차 여행 gicha yeohaeng	**Zugreise, Zugfahrt**
		기관차 gigwancha	**Lokomotive**
		객차 gaekcha	**Personenwagen**
		식당차 sikdangcha	**Speisewagen**
창문 changmun	**Fenster**	유리창 yurichang	**Glasfenster**
		창가 changga	**Fensterseite, am Fenster**
옆 yeop	**neben; bei; an**	오른쪽 oreunjjok	**rechte Seite, rechts**
		왼쪽 oenjjok	**linke Seite, links**

출발하다 chulbalhada	abfahren, losfahren	도착하다 dochakada	ankommen
		출발 시간 chulbal sigan	Abfahrtszeit
		도착 시간 dochak sigan	Ankunftszeit
터널 teoneol	Tunnel	통로 tongno	Gang
		굴 gul	Höhle, Tunnel
다리 dari	Brücke	육교 yukgyo	Fußgängerbrücke, Fußgängerüberführung
		사다리 sadari	Leiter
		다리를 건너다 darireul geonneoda	Brücke überqueren
지나다 jinada	durch etwas gehen; vorübergehen; vergehen	지나가다 jinagada	vorübergehen, vorbeigehen
		지난 jinan	vergangen, vorig, letzte(r, s)
		통과하다 tonggwahada	passieren, durchgehen, vorbeigehen
재미있다 jaemiitda	interessant sein	재미 jaemi	Spaß, Vergnügung
		재미없다 jaemieopda	uninteressant sein

ÜBEN

1 Verbinden Sie die passenden Wörter.

1. 기차	A. neben, bei, an
2. 재미있다	B. Brücke
3. 역	C. Fenster
4. 다리	D. Zug
5. 출발하다	E. abfahren, losfahren
6. 차표	F. interessant sein
7. 옆	G. Bahnhof
8. 창문	H. Fahrkarte

2 Ergänzen Sie die fehlenden Wörter.

1. 저는 __________ 에서 기차표를 사요.	Ich kaufe eine Bahnfahrkarte am Bahnhof.
2. 창문 __________ 에 앉아요.	Ich setze mich an das Fenster.
3. 기차가 지금 __________ .	Der Zug fährt jetzt ab.
4. 기차가 __________ 를 건너요.	Der Zug überquert eine Brücke.
5. 여행이 정말 __________ .	Die Reise ist wirklich interessant.
6. 저는 __________ 를 사요.	Ich kaufe eine Fahrkarte.
7. 버스를 타고 __________ 옆에 앉아요.	Ich steige in den Bus ein und setze mich an das Fenster.
8. 버스가 터널을 __________ .	Der Bus fährt durch einen Tunnel.

WIEDERHOLUNG

3 Lesen Sie jetzt den folgenden Text auf Koreanisch.

1. 저는 중앙역에서 기차표를 사요.
2. 기차를 타고 창가에 앉아요.
3. 기차가 굴을 지나고 다리를 건너요.
4. 기차 여행이 참 재미있어요.
5. 기차가 지금 종착역에 도착해요.

4 Übersetzen Sie nun die Sätze ins Deutsche.

1. ______________________________
2. ______________________________
3. ______________________________
4. ______________________________
5. ______________________________

5 Jetzt können Sie auf der ersten Seite der Lektion alle Wörter, die Sie gelernt haben, abhaken.

15

EUROPAREISE

Diese 10 grundlegenden koreanischen Wörter lernen Sie in dieser Lektion:

Kann ich			
○	작년	jangnyeon	*letztes Jahr*
○	아버지	abeoji	*Vater*
○	비행기	bihaenggi	*Flugzeug*
○	유럽	yureop	*Europa*
○	도시	dosi	*Stadt*
○	교회	gyohoe	*(evangelische) Kirche*
○	박물관	bangmulgwan	*Museum*
○	유명하다	yumyeonghada	*berühmt sein*
○	곳	got	*Ort*
○	방문하다	bangmunhada	*besuchen*

LOS GEHT'S

1 Hören Sie sich die einzelnen Sätze mit den Lernwörtern genau an und lesen Sie mit.

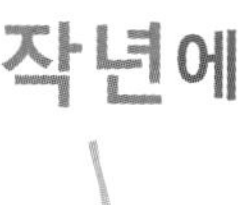

Letztes Jahr bin ich mit meinem **Vater** gereist.

갔어요.

Wir sind mit dem **Flugzeug** nach **Europa** geflogen.

> 구경했어요 ist die Vergangenheitsform von „구경하다".

도시에서 교회와 박물관을 구경했어요.

Wir haben uns in der **Stadt** **Kirchen** und ein **Museum** angeschaut.

유명한 곳들을 방문했어요.

Wir **haben** die **berühmten Orte** **besucht**.

> 방문했어요 ist die Vergangenheitsform von „방문하다".

VERWANDTE WÖRTER

1 Hören Sie sich folgende Wörter an und lesen Sie mit.

작년 jangnyeon	**letztes Jahr**	지난해 jinanhae	**letztes Jahr**
		올해 olhae	**dieses Jahr**
		내년 naenyeon	**nächstes Jahr**
아버지 abeoji	**Vater**	아빠 appa	**Papa**
		새아버지 saeabeoji	**Stiefvater**
		할아버지 harabeoji	**Großvater**
비행기 bihaenggi	**Flugzeug**	공항 gonghang	**Flughafen**
		비행기표 bihaenggipyo	**Flugticket**
		승무원 seungmuwon	**Flugbegleiter/in**
유럽 yureop	**Europa**	유럽 연합 yureop yeonhap	**Europäische Union**
		유로 yuro	**Euro**
		유럽 지도 yureop jido	**Landkarte von Europa**

도시 dosi	**Stadt**	대도시 daedosi	**Großstadt, Metropole**
		수도 sudo	**Hauptstadt**
		시골 sigol	**ländliche Gegend, Provinz**
교회 gyohoe	**(evangelische) Kirche**	성당 seongdang	**(katholische) Kirche**
		절 jeol	**(buddhistischer) Tempel**
박물관 bangmulgwan	**Museum**	미술관 misulgwan	**Gemäldegalerie**
		전시회 jeonsihoe	**Ausstellung**
		국립박물관 gungnipbangmulgwan	**Nationalmuseum**
유명하다 yumyeonghada	**berühmt sein**	유명한 yumyeonghan	**berühmt**
곳 got	**Ort**	장소 jangso	**Ort**
		나가는 곳 naganeun got	**Ausgang**
방문하다 bangmunhada	**besuchen**	방문 bangmun	**Besuch**
		방문객 bangmungaek	**Besucher/in**

ÜBEN

1 Verbinden Sie die passenden Wörter.

1. 곳	A. Stadt
2. 비행기	B. Vater
3. 도시	C. Museum
4. 유명하다	D. Ort
5. 아버지	E. besuchen
6. 방문하다	F. Flugzeug
7. 박물관	G. evangelische Kirche
8. 교회	H. berühmt sein

2 Ergänzen Sie die fehlenden Wörter.

1. ________ 에 여행했어요.	Letztes Jahr bin ich gereist.
2. 비행기로 ________ 에 갔어요.	Ich bin mit dem Flugzeug nach Europa geflogen.
3. ________ 을 구경했어요.	Ich habe mir ein Museum angeschaut.
4. 유명한 교회를 ________ .	Ich habe die berühmte Kirche besucht.
5. ________ 랑 여행해요.	Ich reise mit meinem Vater.
6. 우리는 ________ 로 가요.	Wir fliegen mit dem Flugzeug.
7. ________ 에서 박물관을 방문해요.	In der Stadt besuchen wir das Museum.
8. 유명한 ________ 들을 구경해요.	Wir schauen uns die berühmten Orte an.

WIEDERHOLUNG

3 Lesen Sie jetzt den folgenden Text auf Koreanisch.

1. 지난해에 아빠랑 유럽을 여행했어요.
2. 우리는 같이 비행기로 갔어요.
3. 도시에서 유명한 미술관을 구경했어요.
4. 시골에서 작은 성당도 방문했어요.

4 Übersetzen Sie nun die Sätze ins Deutsche.

1. ______________________________
2. ______________________________
3. ______________________________
4. ______________________________

5 Jetzt können Sie auf der ersten Seite der Lektion alle Wörter, die Sie gelernt haben, abhaken.

16

IN DER FREIZEIT

Diese 10 grundlegenden koreanischen Wörter lernen Sie in dieser Lektion:

Kann ich			
○	사진을 찍다	sajineul jjikda	*fotografieren*
○	테니스	teniseu	*Tennis*
○	치다	chida	*schlagen; spielen*
○	피아노	piano	*Klavier*
○	그림	geurim	*Bild*
○	그리다	geurida	*malen; zeichnen*
○	눈	nun	*Schnee*
○	스키	seuki	*Ski*
○	운전하다	unjeonhada	*Auto fahren*
○	모르다	moreuda	*nicht wissen; nicht kennen*

LOS GEHT'S

1 Hören Sie sich die einzelnen Sätze mit den Lernwörtern genau an und lesen Sie mit.

시간이 있으면 사진을 찍거나 테니스를 쳐요.

Wenn ich Zeit habe, **fotografiere** ich oder **spiele Tennis**.

또 피아노를 치거나 그림을 그려요.

Außerdem **spiele** ich **Klavier** oder **male** **Bilder**.

Das Bindewort 또 heißt „außerdem".

눈이 오면 스키를 타요.

Wenn es **schneit**, fahre ich **Ski**.

Der Ausdruck für den Wunsch –고 싶다 wird an den Verbstamm angehängt und bedeutet „mögen".

자동차로 여행도 하고 싶어요.

Ich möchte auch mit dem Auto eine Reise machen.

몰라요 ist die Präsensform vom unregelmäßigen Verb 모르다.

하지만 저는 운전할 줄 몰라요.

Aber ich **weiß nicht**, wie man **Auto fährt**.
(Aber ich kann nicht Auto fahren.)

Mit -ㄹ 줄 모르다 wird ausgedrückt, dass man nicht weiß, wie man etwas macht oder etwas beherrscht.

VERWANDTE WÖRTER

❶ Hören Sie sich folgende Wörter an und lesen Sie mit.

사진을 찍다 sajineul jjikda	**fotografieren**	사진 sajin	**Foto**
		사진기 sajingi	**Fotoapparat**
		영화를 찍다 yeonghwareul jjikda	**Film drehen**
테니스 teniseu	**Tennis**	테니스 라켓 teniseu raket	**Tennisschläger**
		테니스공 teniseugong	**Tennisball**
		탁구 takgu	**Tischtennis**
치다 chida	**schlagen, spielen**	두드리다 dudeurida	**schlagen, klopfen**
		박수 치다 baksu chida	**applaudieren**
피아노 piano	**Klavier**	그랜드 피아노 geuraendeu piano	**Flügel**
		오르간 oreugan	**Orgel**
그림 geurim	**Bild**	그림책 geurimchaek	**Bilderbuch**
		그림엽서 geurimyeopseo	**Ansichtskarte**

그리다 geurida	malen, zeichnen	만화를 그리다 manhwareul geurida	Comic zeichnen
		수채화를 그리다 suchaehwareul geurida	Aquarell malen
		유화 yuhwa	Ölmalerei
		화가 hwaga	Maler/in
눈 nun	Schnee	눈이 오다 nuni oda	schneien
		눈사람 nunsaram	Schneemann
		얼음 eoreum	Eis
스키 seuki	Ski	스키를 타다 seukireul tada	Ski fahren
		스케이트 seukeiteu	Schlittschuh
		썰매 sseolmae	Schlitten
운전하다 unjeonhada	Auto fahren	운전 unjeon	Autofahren
		운전면허증 unjeonmyeonheojeung	Führerschein
모르다 moreuda	nicht wissen, nicht kennen	알다 alda	wissen, kennen

ÜBEN

1 Verbinden Sie die passenden Wörter.

1. 피아노	A. Schnee
2. 그리다	B. fotografieren
3. 테니스	C. Bild
4. 사진을 찍다	D. Klavier
5. 눈	E. nicht wissen, nicht kennen
6. 치다	F. Tennis
7. 그림	G. malen, zeichnen
8. 모르다	H. schlagen, spielen

2 Ergänzen Sie die fehlenden Wörter.

1. 집에서 ________ 을 찍었어요.	Ich habe zu Hause fotografiert.
2. 친구하고 테니스를 ________ .	Ich spiele Tennis mit dem Freund.
3. 지난 주말에 ________ 을 그렸어요.	Letztes Wochenende habe ich Bilder gemalt.
4. ________ 이 오면 썰매를 타요.	Wenn es schneit, fahre ich Schlitten.
5. ________ 를 탈 줄 알아요.	Ich kann Ski fahren.
6. 하지만 운전할 줄 ________ .	Aber ich kann nicht Auto fahren.
7. 형은 항상 사진을 ________ .	Mein Bruder fotografiert immer.
8. 저는 만화를 ________ .	Ich zeichne Comics.

WIEDERHOLUNG

3 Lesen Sie jetzt den folgenden Text auf Koreanisch.

1. 시간이 있으면 친구하고 탁구를 쳐요.
2. 또 수채화를 그리거나 사진을 찍어요.
3. 눈이 오면 눈사람을 만들어요.
4. 저는 스케이트를 탈 줄 알아요.
5. 하지만 스키를 탈 줄 몰라요.

4 Übersetzen Sie nun die Sätze ins Deutsche.

1. ______________________________
2. ______________________________
3. ______________________________
4. ______________________________
5. ______________________________

5 Jetzt können Sie auf der ersten Seite der Lektion alle Wörter, die Sie gelernt haben, abhaken.

17

EINE EINWEIHUNGSPARTY

Diese 10 grundlegenden koreanischen Wörter lernen Sie in dieser Lektion:

✓ **Kann ich**			
○	지난달	jinandal	*letzter Monat*
○	이사하다	isahada	*umziehen*
○	초대하다	chodaehada	*einladen*
○	비누	binu	*Seife*
○	휴지	hyuji	*Papiertaschentuch*
○	받다	batda	*bekommen*
○	방	bang	*Zimmer*
○	부엌	bueok	*Küche*
○	정원	jeongwon	*Garten*
○	술	sul	*Alkohol*

LOS GEHT'S

1 Hören Sie sich die einzelnen Sätze mit den Lernwörtern genau an und lesen Sie mit.

저는 | 지난달에 | 이사했어요.

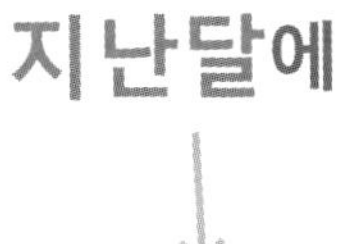

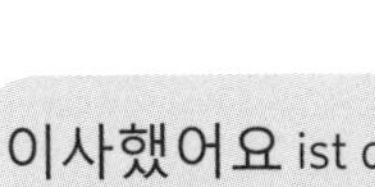

Ich **bin** | im **letzten Monat** | **umgezogen**.

이사했어요 ist die Vergangenheitsform von „이사하다".

새집에 | 친구들을 | 초대했어요.

Ich **habe** die Freunde | ins neue Haus | **eingeladen**.

초대했어요 ist die Vergangenheitsform von „초대하다".

비누와 | 휴지를 | 선물로 받았어요.

Ich **habe Seifen** und | **Papiertaschentücher** | als Geschenk **bekommen**.

받았어요 ist die Vergangenheitsform von „받다".

Die Partikel 로 bedeutet hier „als".

친구들은 | 방과 부엌을 | 구경했어요.

Die Freunde haben | sich die **Zimmer** und | die **Küche** angeschaut.

그리고 우리는 | 정원에서 | 술을 마셨어요.

Und wir haben | im **Garten** | **Alkohol** getrunken.

마셨어요 ist die Vergangenheitsform von „마시다".

VERWANDTE WÖRTER

1 Hören Sie sich folgende Wörter an und lesen Sie mit.

지난달 jinandal	**letzter Monat**	다음 달 daeum dal	**nächster Monat**
		이번 달 ibeon dal	**dieser Monat**
		달력 dallyeok	**Kalender**
이사하다 isahada	**umziehen**	이사 오다 isa oda	**einziehen**
		이사 가다 isa gada	**ausziehen**
초대하다 chodaehada	**einladen**	초대 chodae	**Einladung**
		초대장 chodaejang	**Einladungsschreiben, Einladungskarte**
비누 binu	**Seife**	물비누 mulbinu	**Flüssigseife**
		가루비누 garubinu	**Waschpulver**
휴지 hyuji	**Papiertaschentuch**	화장지 hwajangji	**Toilettenpapier**
		물티슈 multisyu	**Feuchttuch**
		휴지통 hyujitong	**Papierkorb, Mülleimer**

받다 batda	**bekommen**	주다 juda	**geben**
방 bang	**Zimmer**	거실 geosil	**Wohnzimmer**
		침실 chimsil	**Schlafzimmer**
		아이방 aibang	**Kinderzimmer**
부엌 bueok	**Küche**	주방 jubang	**Küche**
		부엌가구 bueokgagu	**Küchenmöbel**
		부엌칼 bueokkal	**Küchenmesser**
정원 jeongwon	**Garten**	정원사 jeongwonsa	**Gärtner/in**
		마당 madang	**Hof**
술 sul	**Alkohol**	술집 suljip	**Kneipe**
		맥주 maekju	**Bier**
		포도주 podoju	**Wein**
		소주 soju	**Soju (koreanischer Schnaps)**

ÜBEN

1 Verbinden Sie die passenden Wörter.

1. 비누	A. einladen
2. 이사하다	B. Garten
3. 방	C. Küche
4. 받다	D. Seife
5. 정원	E. bekommen
6. 초대하다	F. Papiertaschentuch
7. 휴지	G. Zimmer
8. 부엌	H. umziehen

2 Ergänzen Sie die fehlenden Wörter.

1. ________ 에 이사했어요.	Ich bin letzten Monat umgezogen.
2. 친구들을 ________ .	Ich habe die Freunde eingeladen.
3. 휴지를 선물로 ________ .	Ich habe Papiertaschentücher als Geschenk bekommen.
4. 친구들은 ________ 을 구경했어요.	Die Freunde haben sich die Zimmer angeschaut.
5. 우리는 정원에서 ______ 을 마셨어요.	Wir haben im Garten Alkohol getrunken.
6. 우리는 ________ .	Wir sind umgezogen.
7. ________ 를 받았어요.	Wir haben Seifen bekommen.
8. ________ 에서 술을 마셔요.	Wir trinken in der Küche Alkohol.

WIEDERHOLUNG

3 Lesen Sie jetzt den folgenden Text auf Koreanisch.

1. 저는 지난 주말에 이사했어요.
2. 새집에 회사 동료들을 초대했어요.
3. 가루비누와 화장지를 선물로 받았어요.
4. 동료들은 방과 정원을 구경했어요.
5. 우리는 거실에서 맥주를 마셨어요.

4 Übersetzen Sie nun die Sätze ins Deutsche.

1. ______
2. ______
3. ______
4. ______
5. ______

5 Jetzt können Sie auf der ersten Seite der Lektion alle Wörter, die Sie gelernt haben, abhaken.

18

Bekleidung

Diese 10 grundlegenden koreanischen Wörter lernen Sie in dieser Lektion:

✓ Kann ich			
○	바지	baji	*Hose*
○	치마	chima	*Rock*
○	편하다	pyeonhada	*bequem sein*
○	길다	gilda	*lang sein*
○	셔츠	syeocheu	*Hemd*
○	자주	jaju	*oft*
○	남편	nampyeon	*Ehemann*
○	양복	yangbok	*Anzug*
○	가볍다	gabyeopda	*leicht sein (für Gewicht)*
○	신발	sinbal	*Schuh; Schuhwerk*

LOS GEHT'S

1 Hören Sie sich die einzelnen Sätze mit den Lernwörtern genau an und lesen Sie mit.

Die Nebensatzendung –해서 (für das Verb **하**다 + 여서) drückt den Grund für die Handlung im Hauptsatz aus und bedeutet hier „weil".

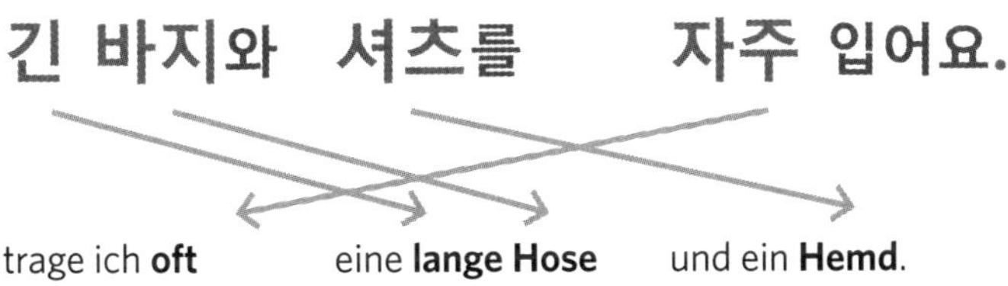

VERWANDTE WÖRTER

1 Hören Sie sich folgende Wörter an und lesen Sie mit.

바지 baji	**Hose**	청바지 cheongbaji	**Jeans**
		반바지 banbaji	**kurze Hose**
치마 chima	**Rock**	앞치마 apchima	**Schürze**
		짧은 치마 jjalbeun chima	**kurzer Rock, Minirock**
		원피스 wonpiseu	**Kleid**
편하다 pyeonhada	**bequem sein**	불편하다 bulpyeonhada	**unbequem sein**
		편안하다 pyeonanhada	**bequem sein**
길다 gilda	**lang sein**	긴 gin	**lang**
		짧다 jjalda	**kurz sein**
셔츠 syeocheu	**Hemd**	티셔츠 tisyeocheu	**T-Shirt**
		와이셔츠 waisyeocheu	**Anzughemd**
		블라우스 beullauseu	**Bluse**

자주 jaju	oft	항상 hangsang	immer
		가끔 gakkeum	ab und zu
남편 nampyeon	Ehemann	아내 anae	Ehefrau
		부부 bubu	Ehepaar
양복 yangbok	Anzug	한복 hanbok	Traditionelle koreanische Tracht
		넥타이 nektai	Krawatte
		코트 koteu	Mantel
가볍다 gabyeopda	leicht sein (für Gewicht)	가벼운 gabyeoun	leicht
		무겁다 mugeopda	schwer sein (für Gewicht)
신발 sinbal	Schuh, Schuhwerk	신발장 sinbaljang	Schuhschrank
		구두 gudu	Lederschuh
		양말 yangmal	Socke
		장갑 janggap	Handschuh

ÜBEN

1 Verbinden Sie die passenden Wörter.

1. 셔츠	A. Rock
2. 바지	B. bequem sein
3. 길다	C. leicht sein
4. 신발	D. Hemd
5. 가볍다	E. lang sein
6. 치마	F. oft
7. 자주	G. Hose
8. 편하다	H. Schuh, Schuhwerk

2 Ergänzen Sie die fehlenden Wörter.

1. 바지가 ________ 보다 편해요.	Die Hose ist bequemer als der Rock.
2. 저는 셔츠를 ________ 입어요.	Ich trage oft ein Hemd.
3. 남편은 ________ 을 좋아해요.	Mein Mann mag den Anzug.
4. 그리고 ____ 신발을 자주 신어요.	Und er trägt oft leichte Schuhe.
5. 긴 ________ 가 아주 편해요.	Die lange Hose ist sehr bequem.
6. ________ 은 항상 코트를 입어요.	Mein Mann trägt immer den Mantel.
7. 옷장에 ________ 가 많아요.	Es gibt viele Hemden im Kleiderschrank.
8. 무거운 ________ 은 불편해요.	Schwere Schuhe sind unbequem.

WIEDERHOLUNG

3 Lesen Sie jetzt den folgenden Text auf Koreanisch.

1. 와이셔츠와 넥타이는 불편해요.

2. 저는 항상 티셔츠와 청바지를 입어요.

3. 제 아내는 치마를 바지보다 좋아해요.

4. 그래서 옷장에 긴 원피스가 많아요.

4 Übersetzen Sie nun die Sätze ins Deutsche.

1. ______________________________

2. ______________________________

3. ______________________________

4. ______________________________

5 Jetzt können Sie auf der ersten Seite der Lektion alle Wörter, die Sie gelernt haben, abhaken.

19

FRISUREN

Diese 10 grundlegenden koreanischen Wörter lernen Sie in dieser Lektion:

✓ Kann ich			
○	머리	meori	*Kopf; Kopfhaar*
○	묶다	mukda	*(zusammen)binden; bündeln*
○	자르다	jareuda	*schneiden*
○	파마하다	pamahada	*Dauerwelle machen*
○	밝다	bakda	*hell sein*
○	색	saek	*Farbe*
○	염색하다	yeomsaekada	*färben*
○	미용실	miyongsil	*Frisiersalon*
○	전화	jeonhwa	*Telefon*
○	예약하다	yeyakada	*reservieren*

LOS GEHT'S

1 Hören Sie sich die einzelnen Sätze mit den Lernwörtern genau an und lesen Sie mit.

머리가 길어서 항상 머리를 묶어요.

Weil meine **Haare** lang sind, **binde** ich die **Haare** immer **zusammen**.

Die Nebensatzendung –어서 drückt den Grund für die Handlung im Hauptsatz aus und bedeutet hier „weil".

머리를 자르고 파마하고 싶어요.

Ich möchte die **Haare schneiden** und eine **Dauerwelle machen** lassen.

그리고 밝은 색으로 염색하고 싶어요.

Und ich möchte sie in einer **hellen Farbe** **färben** lassen.

Die Partikel 으로 wird für das Mittel benutzt und bedeutet hier „in".

그래서 미용실에 전화로 예약했어요.

Deshalb habe ich per **Telefon** im **Frisiersalon reserviert**.

예약했어요 ist die Vergangenheitsform von „ 예약하다 ".

Die Partikel 로 bedeutet hier „per".

VERWANDTE WÖRTER

1 Hören Sie sich folgende Wörter an und lesen Sie mit.

05

머리 meori	**Kopf, Kopfhaar**	머리카락 meorikarak	**Kopfhaar**
		머리빗 meoribit	**Haarkamm**
		머리핀 meoripin	**Haarspange**
		대머리 daemeori	**Glatze**
묶다 mukda	**(zusammen)binden, bündeln**	풀다 pulda	**losbinden, lösen**
		묶음 mukkeum	**Bund, Bündel**
자르다 jareuda	**schneiden**	연결하다 yeongyeolhada	**verbinden**
		깎다 kkakkda	**schneiden**
파마하다 pamahada	**Dauerwelle machen**	파마머리 pamameori	**dauergewelltes Haar**
		생머리 saengmeori	**glattes Haar**
밝다 bakda	**hell sein**	밝은 balgeun	**hell**
		어둡다 eodupda	**dunkel sein**

색 saek	**Farbe**	**색깔** saekkkal	**Farbe**
		색연필 saengnyeonpil	**Buntstift**
		색종이 saekjongi	**Buntpapier**
		색칠하다 saekchilhada	**bemalen**
염색하다 yeomsaekada	**färben**	**탈색하다** talsaekada	**entfärben**
		염색약 yeomsaegyak	**Färbemittel**
미용실 miyongsil	**Frisiersalon**	**미용사** miyongsa	**Friseur/in**
		이발소 ibalso	**Barbershop**
전화 jeonhwa	**Telefon**	**전화하다** jeonhwahada	**telefonieren**
		전화번호 jeonhwabeonho	**Telefonnummer**
		휴대폰 hyudaepon	**Mobiltelefon**
예약하다 yeyakada	**reservieren**	**예약** yeyak	**Reservierung**
		취소하다 chwisohada	**stornieren**

ÜBEN

1 Verbinden Sie die passenden Wörter.

1. 머리	A. Dauerwelle machen
2. 파마하다	B. Telefon
3. 미용실	C. Farbe
4. 예약하다	D. Kopf, Kopfhaar
5. 색	E. schneiden
6. 밝다	F. reservieren
7. 전화	G. Frisiersalon
8. 자르다	H. hell sein

2 Ergänzen Sie die fehlenden Wörter.

1. ________ 가 너무 길어요.	Die Haare sind zu lang.
2. 저는 머리를 ________ .	Ich binde die Haare zusammen.
3. 머리를 ________ 고 싶어요.	Ich möchte die Haare schneiden lassen.
4. 그리고________ 고 싶어요.	Und ich möchte sie färben lassen.
5. ________ 에 예약했어요.	Ich habe im Frisiersalon reserviert.
6. 머리를 ________ 고 싶어요.	Ich möchte mir eine Dauerwelle machen lassen.
7. 밝은 ________ 을 좋아해요.	Ich mag eine helle Farbe.
8. ________ 로 예약했어요.	Ich habe per Telefon reserviert.

WIEDERHOLUNG

3 Lesen Sie jetzt den folgenden Text auf Koreanisch.

1. 긴 머리를 자르고 싶어요.

2. 저는 가끔 미용실에서 파마해요.

3. 머리를 항상 어두운 색으로 염색해요.

4. 남편은 이발소에 전화로 예약했어요.

4 Übersetzen Sie nun die Sätze ins Deutsche.

1. ______________________________

2. ______________________________

3. ______________________________

4. ______________________________

5 Jetzt können Sie auf der ersten Seite der Lektion alle Wörter, die Sie gelernt haben, abhaken.

ZUR POST

Diese 10 grundlegenden koreanischen Wörter lernen Sie in dieser Lektion:

Kann ich			
○	돈	don	*Geld*
○	찾다	chatda	*suchen; finden*
○	은행	eunhaeng	*Bank*
○	벌써	beolsseo	*schon; bereits*
○	문	mun	*Tür*
○	닫다	datda	*schließen*
○	뒤	dwi	*hinter*
○	우체국	ucheguk	*Post*
○	편지	pyeonji	*Brief*
○	보내다	bonaeda	*schicken; senden*

LOS GEHT'S

1 Hören Sie sich die einzelnen Sätze mit den Lernwörtern genau an und lesen Sie mit.

059

돈을 찾으러 은행에 갔어요.

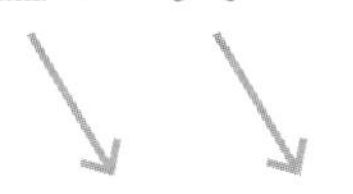

Um **Geld abzuheben**, bin ich zur **Bank** gegangen.

닫았어요 ist die Vergangenheitsform von „닫다".

그런데 은행이 벌써 문을 닫았어요.

Aber die **Bank hat** **schon** die **Tür** **geschlossen**.
(Aber die Bank hat schon geschlossen.)

Das Bindewort 그런데 heißt hier „(nun) aber".

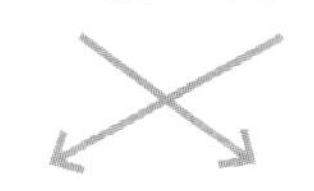

은행 뒤에 우체국이 있어요.

Hinter der **Bank** befindet sich eine **Post**.

Mit –아서 kann man die Handlungen nach zeitlicher Reihenfolge verbinden und bedeutet hier „und (dann)".

그래서 우체국에 가서

Deshalb bin ich zur **Post** gegangen und

보냈어요 ist die Vergangenheitsform von „보내다".

돈을 찾고 편지를 보냈어요.

habe dann **Geld abgehoben** und einen **Brief** **geschickt**.

VERWANDTE WÖRTER

❶ Hören Sie sich folgende Wörter an und lesen Sie mit.

돈 don	**Geld**	지폐 jipye	**Geldschein**
		동전 dongjeon	**Münze**
		현금 hyeongeum	**Bargeld**
		지갑 jigap	**Portemonnaie**
찾다 chatda	**suchen, finden**	잃어버리다 ireobeorida	**verlieren**
		돈을 찾다 doneul chatda	**Geld abheben**
은행 eunhaeng	**Bank**	은행원 eunhaengwon	**Bankangestellte/r**
		은행장 eunhaengjang	**Bankdirektor**
		통장 tongjang	**Sparbuch**
		계좌 gyejwa	**Konto**
벌써 beolsseo	**schon, bereits**	이미 imi	**schon, bereits**
		아직 ajik	**noch**

문 mun	**Tür**	대문 daemun	**Tor**
		정문 jeongmun	**Haupteingang**
닫다 datda	**schließen**	열다 yeolda	**öffnen**
뒤 dwi	**hinter**	앞 ap	**vor**
		사이 sai	**zwischen**
우체국 ucheguk	**Post**	우편집배원 upyeonjipbaewon	**Briefträger/in**
		우체통 uchetong	**Postbriefkasten**
		우표 upyo	**Briefmarke**
편지 pyeonji	**Brief**	소포 sopo	**Paket**
		편지지 pyeonjiji	**Briefpapier**
		편지봉투 pyeonjibongtu	**Briefumschlag**
보내다 bonaeda	**schicken, senden**	부치다 buchida	**schicken, senden**
		보내는 사람 bonaeneun saram	**Absender**

ÜBEN

1 Verbinden Sie die passenden Wörter.

1. 돈	A. schließen
2. 보내다	B. suchen, finden
3. 우체국	C. Brief
4. 은행	D. Geld
5. 찾다	E. Post
6. 편지	F. Tür
7. 닫다	G. schicken, senden
8. 문	H. Bank

2 Ergänzen Sie die fehlenden Wörter.

1. 은행에서 돈을 ________.	In der Bank hebe ich Geld ab.
2. 은행이 ________ 을 닫아요.	Die Bank schließt die Tür.
3. 은행 ________ 에 우체국이 있어요.	Hinter der Bank gibt es eine Post.
4. 저는 소포를 ________.	Ich schicke ein Paket.
5. ________ 에서 지갑을 잃어버렸어요.	Auf der Post habe ich mein Portemonnaie verloren.
6. 우체국이 ________ 문을 닫았어요.	Die Post hat bereits die Tür geschlossen.
7. 저는 ________ 를 보내요.	Ich schicke einen Brief.
8. 그리고 ________ 을 찾아요.	Und ich hebe Geld ab.

WIEDERHOLUNG

3 Lesen Sie jetzt den folgenden Text auf Koreanisch.

1. 편지를 부치러 우체국에 갔어요.

2. 우체국에서 우표를 샀어요.

3. 그리고 편지와 소포를 보냈어요.

4. 은행이 벌써 문을 열었어요.

5. 은행에 가서 돈을 찾았어요.

4 Übersetzen Sie nun die Sätze ins Deutsche.

1. ______

2. ______

3. ______

4. ______

5. ______

5 Jetzt können Sie auf der ersten Seite der Lektion alle Wörter, die Sie gelernt haben, abhaken.

21

ZUM ARZT

Diese 10 grundlegenden koreanischen Wörter lernen Sie in dieser Lektion:

☑ **Kann ich**			
○	감기에 걸리다	gamgie geollida	*sich erkälten*
○	몸	mom	*Körper*
○	아프다	apeuda	*wehtun; krank sein*
○	열이 나다	yeori nada	*Fieber haben; fiebern*
○	코	ko	*Nase*
○	막히다	makida	*verstopft werden*
○	목	mok	*Hals*
○	의사	uisa	*Arzt/Ärztin*
○	진찰	jinchal	*medizinische Untersuchung*
○	병원	byeongwon	*Krankenhaus*

LOS GEHT'S

1 Hören Sie sich die einzelnen Sätze mit den Lernwörtern genau an und lesen Sie mit.

감기에 걸려서 몸이 안 좋아요.

Weil ich **erkältet bin**, ist mein **Körper** nicht gut.
(Weil ich **erkältet bin**, geht es mir **körperlich** nicht gut.)

Die Negationspartikel 안 steht direkt vor dem Verb und bedeutet „nicht".

머리가 아프고 열이 나요.

Mein Kopf **tut weh** und ich **habe Fieber**.

코가 막히고 목도 아파요.

Die **Nase** ist **verstopft** und der **Hals tut** auch **weh**.

아파요 ist die Präsensform vom unregelmäßigen Verb 아프다.

의사한테 진찰을 받으러

Um von einem **Arzt** **untersucht** zu **werden**,

Die Partikel 한테 bedeutet „von jemandem" oder „zu jemandem".

병원에 갈 거예요.

werde ich zum **Krankenhaus** gehen.

갈 거예요 ist die Zukunftsform von „가다".

VERWANDTE WÖRTER

❶ Hören Sie sich folgende Wörter an und lesen Sie mit.

감기에 걸리다 gamgie geollida	**sich erkälten**	감기 gamgi	**Erkältung**
		병에 걸리다 byeonge geollida	**eine Krankheit bekommen, krank werden**
몸 mom	**Körper**	신체 sinche	**Körper**
		몸무게 mommuge	**Körpergewicht**
		잇몸 inmom	**Zahnfleisch**
아프다 apeuda	**wehtun, krank sein**	낫다 natda	**genesen**
		건강하다 geonganghada	**gesund sein**
열이 나다 yeori nada	**Fieber haben, fiebern**	열 yeol	**Fieber, Wärme**
		기침이 나다 gichimi nada	**husten**
		피가 나다 piga nada	**bluten**
코 ko	**Nase**	콧물이 나다 konmuri nada	**eine laufende Nase haben**
		코감기 kogamgi	**Schnupfen**

막히다 makida	**verstopft werden**	막다 makda	**verstopfen, aufhalten**
목 mok	**Hals**	목소리 moksori	**Stimme**
		목걸이 mokgeori	**Halskette**
		목도리 mokdori	**Schal**
의사 uisa	**Arzt/Ärztin**	환자 hwanja	**Patient/in**
		간호사 ganhosa	**Krankenschwester**
		치과의사 chigwauisa	**Zahnarzt/Zahnärztin**
		수의사 suuisa	**Tierarzt/Tierärztin**
진찰 jinchal	**medizinische Untersuchung**	진찰을 받다 jinchareul batda	**sich medizinisch untersuchen lassen**
		진단 jindan	**Diagnose**
병원 byeongwon	**Krankenhaus**	대학 병원 daehak byeongwon	**Universitätsklinikum**
		수술실 susulsil	**Operationssaal**
		병실 byeongsil	**Patientenzimmer**

ÜBEN

1 Verbinden Sie die passenden Wörter.

1. 열이 나다	A. Arzt/Ärztin
2. 몸	B. sich erkälten
3. 아프다	C. Hals
4. 막히다	D. Fieber haben, fiebern
5. 의사	E. Körper
6. 목	F. Krankenhaus
7. 병원	G. verstopft werden
8. 감기에 걸리다	H. wehtun, krank sein

2 Ergänzen Sie die fehlenden Wörter.

1. ________ 이 안 좋아요.	Es geht mir körperlich nicht gut.
2. 저는 ________ 에 걸렸어요.	Ich bin erkältet.
3. ________ 이 나요.	Ich habe Fieber.
4. ________ 가 막혀요.	Die Nase ist verstopft.
5. 목이 ________ .	Der Hals tut weh.
6. _____ 에 갈 거예요.	Ich werde zum Krankenhaus gehen.
7. ________ 를 만날 거예요.	Ich werde den Arzt treffen.
8. 그리고 ________ 을 받을 거예요.	Und ich werde mich medizinisch untersuchen lassen.

WIEDERHOLUNG

❸ Lesen Sie jetzt den folgenden Text auf Koreanisch.

1. 감기에 걸렸어요.

2. 기침이 나고 목이 아파요.

3. 머리도 아프고 콧물도 나요.

4. 병원에서 의사한테 진찰을 받을 거예요.

❹ Übersetzen Sie nun die Sätze ins Deutsche.

1. ______________________________

2. ______________________________

3. ______________________________

4. ______________________________

❺ Jetzt können Sie auf der ersten Seite der Lektion alle Wörter, die Sie gelernt haben, abhaken.

22

EINE VERLETZUNG

Diese 10 grundlegenden koreanischen Wörter lernen Sie in dieser Lektion:

✓ Kann ich			
○	요리하다	yorihada	*kochen*
○	손	son	*Hand*
○	다치다	dachida	*sich verletzen*
○	물	mul	*Wasser*
○	깨끗하다	kkaekkeutada	*sauber sein*
○	씻다	ssitda	*waschen*
○	약국	yakguk	*Apotheke*
○	약	yak	*Medikament*
○	소독하다	sodokada	*desinfizieren*
○	바르다	bareuda	*auftragen; einreiben*

LOS GEHT'S

065

❶ Hören Sie sich die einzelnen Sätze mit den Lernwörtern genau an und lesen Sie mit.

> -다가 wird an den Verbstamm angehängt und bedeutet hier „während".

요리하다가 손을 다쳤어요.

Während ich **gekocht habe**, **habe** ich mir die **Hand verletzt**.

> 다쳤어요 ist die Vergangenheitsform von „다치다".

피가 나서 물로 손을 깨끗이 씻고

Weil die Hand blutet, **wasche** ich mir die **Hand** mit **Wasser sauber** und

약국에서 약을 사요.

kaufe in der **Apotheke** ein **Medikament**.

손을 소독하고 약을 발라요.

Ich **desinfiziere** die **Hand** und **trage** das **Medikament auf**.

> 발라요 ist die Präsensform von 바르다.

VERWANDTE WÖRTER

❶ Hören Sie sich folgende Wörter an und lesen Sie mit.

요리하다 yorihada	**kochen**	요리 yori	**Gericht**
		요리사 yorisa	**Koch/Köchin**
손 son	**Hand**	손가락 songarak	**Finger**
		손톱 sontop	**Fingernagel**
		손수건 sonsugeon	**Taschentuch (aus Stoff)**
다치다 dachida	**sich verletzen**	치료하다 chiryohada	**(medizinisch) behandeln**
		상처 sangcheo	**Wunde**
물 mul	**Wasser**	물병 mulbyeong	**Wasserflasche**
		생수 saengsu	**Mineralwasser**
		수돗물 sudonmul	**Leitungswasser**
깨끗하다 kkaekkeutada	**sauber sein**	깨끗이 kkaekkeusi	**sauber**
		더럽다 deoreopda	**dreckig sein**

씻다 ssitda	**waschen**	발을 씻다 bareul ssitda	**Füße waschen**
		머리를 감다 meorireul gamda	**Haare waschen**
		이를 닦다 ireul dakda	**Zähne putzen**
약국 yakguk	**Apotheke**	약사 yaksa	**Apotheker/in**
		처방전 cheobangjeon	**Rezept**
약 yak	**Medikament**	알약 allyak	**Tablette**
		물약 mullyak	**flüssiges Medikament, Tropfen**
		감기약 gamgiyak	**Erkältungsmittel**
		두통약 dutongyak	**Kopfschmerzmittel**
소독하다 sodokada	**desinfizieren**	소독 sodok	**Desinfektion**
		소독약 sodongnyak	**Desinfektionsmittel**
바르다 bareuda	**auftragen, einreiben**	연고를 바르다 yeongoreul bareuda	**Salbe auftragen**
		화장품을 바르다 hwajangpumeul bareuda	**Make-up auftragen**

ÜBEN

1 Verbinden Sie die passenden Wörter.

1. 바르다	A. Medikament
2. 약국	B. Wasser
3. 다치다	C. waschen
4. 물	D. auftragen, einreiben
5. 소독하다	E. sich verletzen
6. 손	F. Apotheke
7. 약	G. Hand
8. 씻다	H. desinfizieren

2 Ergänzen Sie die fehlenden Wörter.

1. ________ 을 다쳤어요.	Ich habe mir die Hand verletzt.
2. ________ 로 손을 씻어요.	Ich wasche mir die Hand mit dem Wasser.
3. 약국에서 ________ 을 사요.	Ich kaufe in der Apotheke ein Medikament.
4. 손을 ________ .	Ich desinfiziere die Hand.
5. 그리고 연고를 ________ .	Und ich trage die Salbe auf.
6. 발을 ________ .	Ich habe mir den Fuß verletzt.
7. 발을 ________ 씻어요.	Ich wasche mir den Fuß sauber.
8. ________ 에서 소독약을 사요.	Ich kaufe in der Apotheke ein Desinfektionsmittel.

WIEDERHOLUNG

3 Lesen Sie jetzt den folgenden Text auf Koreanisch.

1. 물로 손을 깨끗이 씻고 요리해요.

2. 손가락을 다쳐서 피가 나요.

3. 약국에서 소독약을 사요.

4. 손가락을 소독하고 연고를 발라요.

4 Übersetzen Sie nun die Sätze ins Deutsche.

1. ______________________________

2. ______________________________

3. ______________________________

4. ______________________________

5 Jetzt können Sie auf der ersten Seite der Lektion alle Wörter, die Sie gelernt haben, abhaken.

23

EIN FEUERWEHREINSATZ

Diese 10 grundlegenden koreanischen Wörter lernen Sie in dieser Lektion:

✓ Kann ich			
○	불이 나다	buri nada	*Feuer ausbrechen*
○	위험하다	wiheomhada	*gefährlich sein*
○	소방관	sobanggwan	*Feuerwehrmann/ Feuerwehrfrau*
○	구조하다	gujohada	*retten*
○	비상구	bisanggu	*Notausgang*
○	구급차	gugeupcha	*Rettungswagen; Ambulanz*
○	응급실	eunggeupsil	*Notaufnahme*
○	경찰	gyeongchal	*Polizei*
○	사고	sago	*Unfall*
○	조사하다	josahada	*untersuchen; nachforschen*

LOS GEHT'S

1 Hören Sie sich die einzelnen Sätze mit den Lernwörtern genau an und lesen Sie mit.

068

불이 났어요. 아주 위험해요.

Ein **Feuer ist ausgebrochen**. Es **ist** sehr **gefährlich**.

소방관이 와서 사람들을 구조해요.

Feuerwehrleute kommen und **retten** die Leute.

다친 사람들은 비상구로 나와서

Verletzte Leute kommen durch den **Notausgang** raus und

Die Partikel 로 bezeichnet das Mittel und bedeutet hier „durch".

구급차로 응급실에 가요.

fahren mit dem **Rettungswagen** zur **Notaufnahme**.

경찰이 와서 사고를 조사해요.

Die **Polizei** kommt und **untersucht** den **Unfall**.

VERWANDTE WÖRTER

1 Hören Sie sich folgende Wörter an und lesen Sie mit.

불이 나다 buri nada	**Feuer ausbrechen**	불 bul	**Feuer**
		산불 sanbul	**Waldbrand**
		불을 끄다 bureul kkeuda	**Feuer löschen, Licht ausschalten**
위험하다 wiheomhada	**gefährlich sein**	위험 wiheom	**Gefahr**
		안전하다 anjeonhada	**sicher sein**
소방관 sobanggwan	**Feuerwehrmann/ Feuerwehrfrau**	소방서 sobangseo	**Feuerwache**
		소방차 sobangcha	**Feuerwehrfahrzeug**
		소화기 sohwagi	**Feuerlöscher**
구조하다 gujohada	**retten**	구조 gujo	**Rettung**
		구출하다 guchulhada	**retten, befreien**
비상구 bisanggu	**Notausgang**	비상등 bisangdeung	**Notbeleuchtung**
		비상금 bisanggeum	**Notgroschen**

구급차 gugeupcha	**Rettungswagen, Ambulanz**	구급대원 gugeupdaewon	**Rettungssanitäter/in**
		구급상자 gugeupsangja	**Verbandkasten (Erste-Hilfe-Kasten)**
응급실 eunggeupsil	**Notaufnahme**	응급 상황 eunggeup sanghwang	**Notfall**
		응급 처치 eunggeup cheochi	**Erstversorgung (Erste Hilfe)**
		응급 전화번호 eunggeup jeonhwabeonho	**Notrufnummer**
경찰 gyeongchal	**Polizei**	경찰서 gyeongchalseo	**Polizeiwache**
		경찰관 gyeongchalgwan	**Polizist/in**
		경찰차 gyeongchalcha	**Streifenwagen**
사고 sago	**Unfall**	화재 사고 hwajae sago	**Brandunfall**
		교통 사고 gyotong sago	**Verkehrsunfall**
		사고 현장 sago hyeonjang	**Unfallstelle**
조사하다 josahada	**untersuchen, nachforschen**	조사 josa	**Untersuchung, Nachforschung**
		연구하다 yeonguhada	**forschen**

ÜBEN

1 Verbinden Sie die passenden Wörter.

1. 경찰	A. gefährlich sein
2. 소방관	B. Notaufnahme
3. 위험하다	C. Unfall
4. 구급차	D. Polizei
5. 사고	E. Feuerwehrmann/Feuerwehrfrau
6. 구조하다	F. Rettungswagen, Ambulanz
7. 비상구	G. retten
8. 응급실	H. Notausgang

2 Ergänzen Sie die fehlenden Wörter.

1. ________ 이 났어요.	Ein Feuer ist ausgebrochen.
2. ________ 이 불을 꺼요.	Feuerwehrleute löschen das Feuer.
3. 너무 ________ .	Es ist zu gefährlich.
4. 소방관이 사람들을 ________ .	Feuerwehrleute retten die Leute.
5. 다친 사람들이 ________ 로 나와요.	Verletzte Leute kommen durch den Notausgang raus.
6. ________ 가 도착해요.	Der Rettungswagen kommt an.
7. ________ 도 왔어요.	Die Polizei ist auch gekommen.
8. 경찰관이 사고를 ________ .	Der Polizist untersucht den Unfall.

WIEDERHOLUNG

3 Lesen Sie jetzt den folgenden Text auf Koreanisch.

1. 불이 나서 소방차가 와요.

2. 소방관이 사람들을 구출해요.

3. 구급대원이 응급 처치를 해요.

4. 사람들은 구급차로 응급실에 가요.

5. 경찰관이 와서 화재 사고를 조사해요.

4 Übersetzen Sie nun die Sätze ins Deutsche.

1. ______________________________

2. ______________________________

3. ______________________________

4. ______________________________

5. ______________________________

5 Jetzt können Sie auf der ersten Seite der Lektion alle Wörter, die Sie gelernt haben, abhaken.

24

COMPUTERARBEIT

Diese 10 grundlegenden koreanischen Wörter lernen Sie in dieser Lektion:

☑ Kann ich			
○	컴퓨터	keompyuteo	*Computer*
○	켜다	kyeoda	*einschalten*
○	인터넷	inteonet	*Internet*
○	신문	sinmun	*Zeitung*
○	이메일	imeil	*E-Mail*
○	시작하다	sijakada	*beginnen*
○	프린터	peurinteo	*Drucker*
○	고장 나다	gojang nada	*kaputtgehen*
○	사용하다	sayonghada	*benutzen; gebrauchen*
○	도와주다	dowajuda	*helfen*

LOS GEHT'S

1 Hören Sie sich die einzelnen Sätze mit den Lernwörtern genau an und lesen Sie mit.

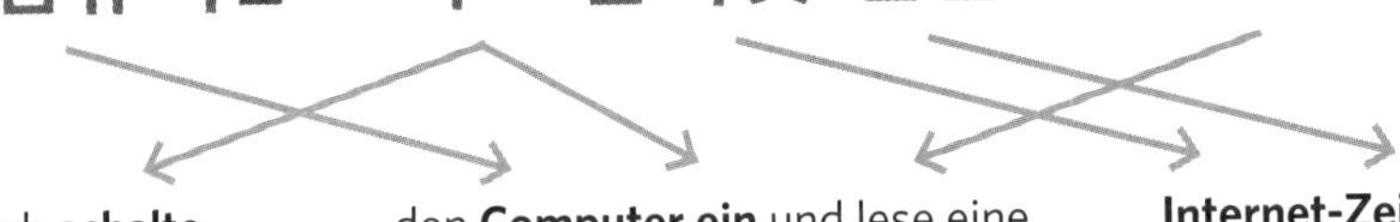

Ich **schalte** den **Computer ein** und lese eine **Internet-Zeitung.**

Ich lese auch die **E-Mail** und **beginne** die Arbeit.

> 고장 났어요 ist die Vergangenheitsform von „고장 나다".

Aber der **Drucker ist kaputtgegangen**.

> Der Ausdruck für die Unmöglichkeit oder Unfähigkeit –(으)ㄹ 수 없다 wird an den Verbstamm angehängt und bedeutet „nicht können".

그래서 지금 프린터를 사용할 수 없어요.

Deshalb kann ich gerade den **Drucker** nicht **benutzen**.

Können Sie mir **helfen**?

> Der Ausdruck für die Möglichkeit oder Fähigkeit –(으)ㄹ 수 있다 bedeutet „können".

VERWANDTE WÖRTER

❶ Hören Sie sich folgende Wörter an und lesen Sie mit. 07

컴퓨터 keompyuteo	**Computer**	입력하다 imnyeokada	**eingeben**
		저장하다 jeojanghada	**speichern**
		삭제하다 sakjehada	**löschen**
켜다 kyeoda	**einschalten**	끄다 kkeuda	**ausschalten**
		불을 켜다 bureul kyeoda	**Licht einschalten**
인터넷 inteonet	**Internet**	검색하다 geomsaekada	**suchen**
		와이파이 waipai	**WLAN**
신문 sinmun	**Zeitung**	신문지 sinmunji	**Zeitungspapier**
		신문 기사 sinmun gisa	**Zeitungsartikel**
		잡지 japji	**Zeitschrift**
이메일 imeil	**E-Mail**	이메일 주소 imeil juso	**E-Mail-Adresse**
		이메일을 보내다 imeireul bonaeda	**E-Mail senden**

시작하다 sijakada	beginnen	시작 sijak	Anfang, Beginn
		끝나다 kkeunnada	enden
		끝 kkeut	Ende
프린터 peurinteo	Drucker	출력하다 chullyeokada	ausdrucken
		복사하다 boksahada	kopieren
		스캔하다 seukaenhada	scannen
고장 나다 gojang nada	kaputtgehen	고치다 gochida	reparieren, ausbessern
		수리하다 surihada	reparieren
사용하다 sayonghada	benutzen, gebrauchen	이용하다 iyonghada	benutzen
		쓰다 sseuda	gebrauchen, verwenden
도와주다 dowajuda	helfen	돕다 dopda	helfen
		도움 doum	Hilfe
		방해하다 banghaehada	stören, behindern

ÜBEN

1 Verbinden Sie die passenden Wörter.

1. 이메일
2. 시작하다
3. 신문
4. 도와주다
5. 켜다
6. 사용하다
7. 프린터
8. 고장 나다

A. einschalten
B. Drucker
C. helfen
D. E-Mail
E. kaputtgehen
F. Zeitung
G. beginnen
H. benutzen, gebrauchen

2 Ergänzen Sie die fehlenden Wörter.

1. 컴퓨터를 ________.	Ich schalte den Computer ein.
2. ________ 신문을 읽어요.	Ich lese Internet-Zeitung.
3. 이메일을 읽고 일을 ________.	Ich lese die E-Mail und beginne die Arbeit.
4. 프린터가 ________.	Der Drucker ist kaputtgegangen.
5. 프린터를 ________ 할 수 없어요.	Ich kann den Drucker nicht benutzen.
6. ________ 을 보냈어요.	Ich habe eine E-Mail gesendet.
7. ________ 를 꺼요.	Ich schalte den Computer aus.
8. 인터넷 ________ 과 잡지를 읽었어요.	Ich habe eine Internet-Zeitung und Zeitschriften gelesen.

WIEDERHOLUNG

3 Lesen Sie jetzt den folgenden Text auf Koreanisch.

1. 컴퓨터를 켜고 일을 시작해요.
2. 이메일을 읽고 컴퓨터에 저장해요.
3. 그런데 컴퓨터가 고장 났어요.
4. 그래서 이메일을 저장할 수 없어요.
5. 인터넷도 사용할 수 없어요.

4 Übersetzen Sie nun die Sätze ins Deutsche.

1. ______
2. ______
3. ______
4. ______
5. ______

5 Jetzt können Sie auf der ersten Seite der Lektion alle Wörter, die Sie gelernt haben, abhaken.

25

EINE PRÜFUNG

Diese 10 grundlegenden koreanischen Wörter lernen Sie in dieser Lektion:

✓ Kann ich			
○	여자 친구	yeoja chingu	*(feste) Freundin*
○	어렵다	eoryeopda	*schwer sein; schwierig sein*
○	시험	siheom	*Prüfung*
○	도서관	doseogwan	*Bibliothek*
○	빌리다	billida	*von jemandem (aus)leihen*
○	틀리다	teullida	*falsch sein*
○	답	dap	*Antwort; Lösung*
○	떨어지다	tteoreojida	*fallen; durchfallen (bei der Prüfung)*
○	속상하다	soksanghada	*sich ärgern*
○	울다	ulda	*weinen*

LOS GEHT'S

❶ Hören Sie sich die einzelnen Sätze mit den Lernwörtern genau an und lesen Sie mit.

여자 친구가 어려운 시험을 봤어요.

Meine **Freundin** hat eine **schwierige Prüfung** gesehen. (abgelegt)

> 봤어요 ist die Vergangenheitsform von „보다".

도서관에서 책을 빌려서 시험을

Bei der **Bibliothek** hat sie Bücher **ausgeliehen** und die **Prüfung**

> Mit –어서 kann man die Handlungen nach zeitlicher Reihenfolge verbinden und bedeutet hier „und (dann)".

준비했어요. 하지만 틀린 답을 써서

vorbereitet. Aber da sie **falsche Antworten** geschrieben hat,

> 준비했어요 ist die Vergangenheitsform von „준비하다".

시험에 떨어졌어요.

ist sie bei der **Prüfung durchgefallen**.

> Die Partikel 에 bedeutet hier „bei".

> 떨어졌어요 ist die Vergangenheitsform von „떨어지다".

여자 친구는 너무 속상해서 울었어요.

Meine **Freundin** hat **geweint**, weil sie **sich** sehr **geärgert** hat.

> 울었어요 ist die Vergangenheitsform von „울다".

VERWANDTE WÖRTER

❶ Hören Sie sich folgende Wörter an und lesen Sie mit. 07

여자 친구 yeoja chingu	**(feste) Freundin**	여자 yeoja	**Frau**
		남자 namja	**Mann**
		남자 친구 namja chingu	**(fester) Freund**
어렵다 eoryeopda	**schwer sein, schwierig sein**	어려운 eoryeoun	**schwer, schwierig**
		쉽다 swipda	**leicht sein, einfach sein**
시험 siheom	**Prüfung**	시험을 보다 siheomeul boda	**Prüfung ablegen**
		시험 문제 siheom munje	**Prüfungsaufgabe**
		구두 시험 gudu siheom	**mündliche Prüfung**
		시험공부하다 siheomgongbuhada	**auf/für eine Prüfung lernen**
도서관 doseogwan	**Bibliothek**	도서실 doseosil	**Büchersaal**
		서점 seojeom	**Buchhandlung**
빌리다 billida	**von jemandem (aus)leihen**	빌려주다 billyeojuda	**jemandem (aus)leihen, verleihen**

틀리다 teullida	**falsch sein**	**틀린** teullin	**falsch**
		맞다 matda	**stimmen, passen, richtig sein**
답 dap	**Antwort, Lösung**	**정답** jeongdap	**richtige Antwort**
		대답하다 daedapada	**antworten**
		답장 dapjang	**Antwortbrief**
떨어지다 tteoreojida	**fallen, durchfallen (bei der Prüfung)**	**붙다** butda	**anhaften, (Prüfung) bestehen**
		합격하다 hapgyeokada	**(Prüfung) bestehen**
속상하다 soksanghada	**sich ärgern**	**화나다** hwanada	**sich ärgern, zornig werden**
		우울하다 uulhada	**deprimiert sein**
		실망하다 silmanghada	**enttäuscht sein**
		슬프다 seulpeuda	**traurig sein**
울다 ulda	**weinen**	**웃다** utda	**lachen**
		비웃다 biutda	**spotten, auslachen**

ÜBEN

1 Verbinden Sie die passenden Wörter.

1. 시험	A. schwer sein, schwierig sein
2. 어렵다	B. Bibliothek
3. 답	C. von jemandem (aus)leihen
4. 틀리다	D. Prüfung
5. 속상하다	E. weinen
6. 도서관	F. sich ärgern
7. 울다	G. Antwort, Lösung
8. 빌리다	H. falsch sein

2 Ergänzen Sie die fehlenden Wörter.

1. 저는 ________ 을 봤어요.	Ich habe eine Prüfung abgelegt.
2. 도서관에서 책을 ________.	Bei der Bibliothek habe ich Bücher ausgeliehen.
3. 틀린 ________ 을 썼어요.	Ich habe falsche Antworten geschrieben.
4. 저는 시험에 ________.	Ich bin bei der Prüfung durchgefallen.
5. 그래서 너무 ________.	Deshalb habe ich mich sehr geärgert.
6. 저는 ________ 에서 시험을 준비해요.	Ich bereite in der Bibliothek eine Prüfung vor.
7. 아주 ________ 시험이에요.	Es ist eine sehr schwierige Prüfung.
8. 시험이 너무 어려워서 ________.	Ich habe geweint, weil die Prüfung zu schwierig war.

WIEDERHOLUNG

3 Lesen Sie jetzt den folgenden Text auf Koreanisch.

1. 남자 친구가 구두 시험을 봤어요.
2. 도서관에서 책을 빌려서 시험공부했어요.
3. 시험 문제가 쉬워서 정답을 말했어요.
4. 그래서 시험에 합격했어요.
5. 남자 친구는 시험에 붙어서 웃었어요.

4 Übersetzen Sie nun die Sätze ins Deutsche.

1. ______
2. ______
3. ______
4. ______
5. ______

5 Jetzt können Sie auf der ersten Seite der Lektion alle Wörter, die Sie gelernt haben, abhaken.

26

KINDER

Diese 10 grundlegenden koreanischen Wörter lernen Sie in dieser Lektion:

Kann ich			
◯	아이	ai	*Kind*
◯	어리다	eorida	*jung sein*
◯	놀이터	noriteo	*Spielplatz*
◯	다르다	dareuda	*anders sein; verschieden sein*
◯	싸우다	ssauda	*streiten*
◯	지다	jida	*verlieren*
◯	개	gae	*Hund*
◯	동물	dongmul	*Tier*
◯	흰색	huinsaek	*Weiß*
◯	기르다	gireuda	*(Tier) halten; aufziehen*

LOS GEHT'S

1 Hören Sie sich die einzelnen Sätze mit den Lernwörtern genau an und lesen Sie mit.

077

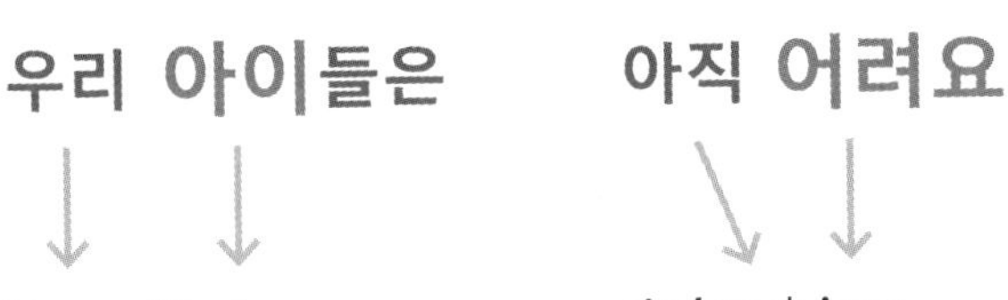

우리 아이들은 아직 어려요.

Unsere **Kinder** **sind** noch **jung**.

아이들은 매일 놀이터에서 놀아요.

Die **Kinder** spielen jeden Tag auf dem **Spielplatz**.

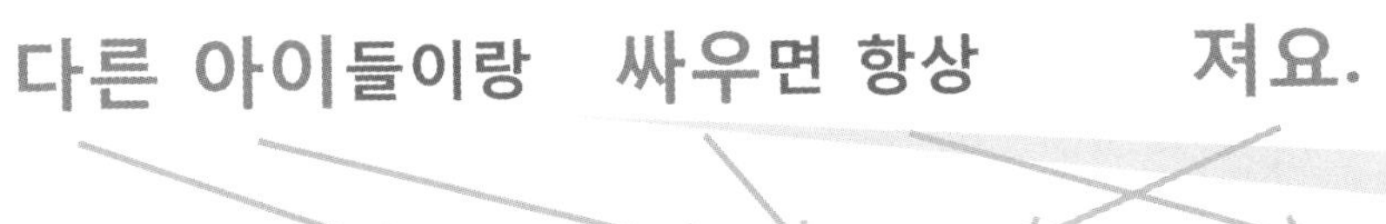

다른 아이들이랑 싸우면 항상 져요.

Wenn sie mit den **anderen** **Kindern streiten**, **verlieren** sie immer.

Die Partikel 이랑 steht nach dem Nomen und bedeutet hier „mit".

그럼 집에 와서 우리 개랑 놀아요.

Dann kommen sie nach Hause und spielen mit unserem **Hund**.

Das Bindewort 그럼 heißt „wenn es so ist" oder „dann".

아이들이 동물을 좋아해서 흰 개를 길러요.

Weil die **Kinder Tiere** mögen, **halten** wir einen **weißen** **Hund**.

길러요 ist die Präsensform von 기르다.

VERWANDTE WÖRTER

1 Hören Sie sich folgende Wörter an und lesen Sie mit. 07

아이 ai	**Kind**	아기 agi	**Baby**
		아들 adeul	**Sohn**
		딸 ttal	**Tochter**
어리다 eorida	**jung sein**	어린이 eorini	**Kind**
		어른 eoreun	**Erwachsener**
놀이터 noriteo	**Spielplatz**	미끄럼틀 mikkeureomteul	**Rutsche**
		그네를 타다 geunereul tada	**schaukeln**
		장난감 jangnangam	**Spielzeug**
다르다 dareuda	**anders sein, verschieden sein**	다른 dareun	**andere(r, s)**
		같다 gatda	**gleich sein**
싸우다 ssauda	**streiten**	싸움 ssaum	**Streit**
		화해하다 hwahaehada	**sich versöhnen**

지다 jida	**verlieren**	이기다 igida	**gewinnen**
개 gae	**Hund**	강아지 gangaji	**Welpe**
		개집 gaejip	**Hundehütte**
		고양이 goyangi	**Katze**
동물 dongmul	**Tier**	동물원 dongmurwon	**Zoo**
		동물 인형 dongmul inhyeong	**Kuscheltier**
		식물 singmul	**Pflanze**
흰색 huinsaek	**Weiß**	흰 huin	**weiß**
		검은색 geomeunsaek	**Schwarz**
		빨간색 ppalgansaek	**Rot**
		노란색 noransaek	**Gelb**
		파란색 paransaek	**Blau**
기르다 gireuda	**(Tier) halten, aufziehen**	키우다 kiuda	**großziehen, pflegen**

ÜBEN

1 Verbinden Sie die passenden Wörter.

1. 아이	A. (Tier) halten, aufziehen
2. 기르다	B. anders sein, verschieden sein
3. 개	C. streiten
4. 어리다	D. Kind
5. 놀이터	E. jung sein
6. 싸우다	F. Tier
7. 동물	G. Hund
8. 다르다	H. Spielplatz

2 Ergänzen Sie die fehlenden Wörter.

1. 우리 아이들은 ________.	Unsere Kinder sind jung.
2. 지금 ________ 에 가요.	Sie gehen jetzt zum Spielplatz.
3. ________ 아이들도 와요.	Andere Kinder kommen auch.
4. 우리 아들은 자주 ________.	Unser Sohn streitet sich oft.
5. 하지만 친구들이랑 싸우면 항상 ________.	Aber wenn er mit den Freunden streitet, verliert er immer.
6. 우리 딸은 ________ 을 아주 좋아해요.	Unsere Tochter mag Tiere sehr.
7. 우리는 ________ 개를 길러요.	Wir halten einen weißen Hund.
8. 우리 개는 ________ 들을 좋아해요.	Unser Hund mag die Kinder.

WIEDERHOLUNG

3 Lesen Sie jetzt den folgenden Text auf Koreanisch.

1. 아이들이 어려서 놀이터에 자주 가요.

2. 다른 아이들이랑 그네를 타요.

3. 우리 아이들은 동물을 아주 좋아해요.

4. 그래서 강아지와 검은 고양이를 키워요.

5. 개와 고양이가 싸우면 고양이가 이겨요.

4 Übersetzen Sie nun die Sätze ins Deutsche.

1. ______________________________

2. ______________________________

3. ______________________________

4. ______________________________

5. ______________________________

5 Jetzt können Sie auf der ersten Seite der Lektion alle Wörter, die Sie gelernt haben, abhaken.

27

FAMILIE

Diese 10 grundlegenden koreanischen Wörter lernen Sie in dieser Lektion:

Kann ich			
○	친절하다	chinjeolhada	*nett sein; freundlich sein*
○	날씬하다	nalssinhada	*schlank sein*
○	결혼하다	gyeolhonhada	*heiraten*
○	행복하다	haengbokada	*glücklich sein*
○	조카	joka	*Neffe; Nichte*
○	태어나다	taeeonada	*geboren werden; zur Welt kommen*
○	바쁘다	bappeuda	*beschäftigt sein*
○	부모님	bumonim	*Eltern*
○	손자	sonja	*Enkel*
○	나이	nai	*Alter*

LOS GEHT'S

1 Hören Sie sich die einzelnen Sätze mit den Lernwörtern genau an und lesen Sie mit.

제 언니는 아주 친절하고 날씬해요.

Meine ältere Schwester **ist** sehr **freundlich** und **schlank**.

Mit –해서 kann man die Handlungen nach zeitlicher Reihenfolge verbinden und bedeutet hier „und (dann)".

작년에 결혼해서 행복하게 살아요.

Letztes Jahr hat sie **geheiratet** und lebt **glücklich**.

태어났어요 ist die Vergangenheitsform von „태어나다".

올해 조카가 태어났어요.

Dieses Jahr **wurde** mein **Neffe geboren**.

돌보세요 ist die honorative Sprechform von „돌보다".

언니가 바쁘면 부모님이 손자를 돌보세요.

Ist die Schwester **beschäftigt**, **kümmern sich** meine **Eltern** um den **Enkel**.

건강하세요 ist die honorative Sprechform von „건강하다".

우리 부모님은 나이가 많지만 건강하세요.

Unsere **Eltern** **sind alt**, aber gesund.

-지만 wird an den Verbstamm angehängt und bedeutet „aber".

VERWANDTE WÖRTER

1 Hören Sie sich folgende Wörter an und lesen Sie mit.

친절하다 chinjeolhada	**nett sein, freundlich sein**	불친절하다 bulchinjeolhada	**unfreundlich sein**
		상냥하다 sangnyanghada	**nett sein**
		다정하다 dajeonghada	**freundlich sein**
		착하다 chakada	**gutherzig sein**
날씬하다 nalssinhada	**schlank sein**	뚱뚱하다 ttungttunghada	**dick sein**
		키가 크다 kiga keuda	**groß sein (Körpergröße)**
		키가 작다 kiga jakda	**klein sein (Körpergröße)**
결혼하다 gyeolhonhada	**heiraten**	결혼식 gyeolhonsik	**Hochzeitszeremonie**
		약혼하다 yakonhada	**sich verloben**
		이혼하다 ihonhada	**sich scheiden lassen**
행복하다 haengbokada	**glücklich sein**	행복하게 haengbokage	**glücklich**
		불행하다 bulhaenghada	**unglücklich sein**

조카 joka	**Neffe, Nichte**	삼촌 samchon	**Onkel**
		이모 imo	**Tante (Schwester der Mutter)**
		고모 gomo	**Tante (Schwester des Vaters)**
태어나다 taeeonada	**geboren werden, zur Welt kommen**	낳다 nata	**gebären**
		죽다 jukda	**sterben**
바쁘다 bappeuda	**beschäftigt sein**	한가하다 hangahada	**unbeschäftigt sein**
		심심하다 simsimhada	**sich langweilen**
부모님 bumonim	**Eltern**	조부모님 jobumonim	**Großeltern**
		시부모님 sibumonim	**Schwiegereltern einer Frau**
손자 sonja	**Enkel**	손녀 sonnyeo	**Enkelin**
나이 nai	**Alter**	나이가 많다 naiga manta	**alt sein**
		나이를 먹다 naireul meokda	**älter werden**
		연세 yeonse	**Alter (honorativ)**

ÜBEN

1 Verbinden Sie die passenden Wörter.

1. 부모님	A. Neffe, Nichte
2. 바쁘다	B. glücklich sein
3. 손자	C. heiraten
4. 친절하다	D. Eltern
5. 조카	E. nett sein, freundlich sein
6. 행복하다	F. Alter
7. 나이	G. beschäftigt sein
8. 결혼하다	H. Enkel

2 Ergänzen Sie die fehlenden Wörter.

1. 제 언니는 항상 ________ .	Meine Schwester ist immer nett.
2. 언니는 ________ 살아요.	Sie lebt glücklich.
3. 작년에 조카가 ________ .	Letztes Jahr wurde mein Neffe geboren.
4. 우리 ________ 은 바쁘세요.	Unsere Eltern sind beschäftigt.
5. 이모는 아주 ________ .	Meine Tante ist sehr schlank.
6. 오늘 삼촌이 ________ .	Heute heiratet mein Onkel.
7. 시부모님은 ________ 가 많으세요.	Meine Schwiegereltern sind alt.
8. 제 ________ 는 조금 뚱뚱해요.	Mein Neffe ist ein bisschen dick.

WIEDERHOLUNG

3 Lesen Sie jetzt den folgenden Text auf Koreanisch.

1. 제 언니는 키가 크고 착해요.
2. 작년에 결혼해서 아기를 낳았어요.
3. 저는 조카가 태어나서 행복해요.
4. 하지만 언니는 너무 바빠요.
5. 그래서 부모님이 손녀를 돌보세요.

4 Übersetzen Sie nun die Sätze ins Deutsche.

1. ______________________________
2. ______________________________
3. ______________________________
4. ______________________________
5. ______________________________

5 Jetzt können Sie auf der ersten Seite der Lektion alle Wörter, die Sie gelernt haben, abhaken.

KOCHEN

Diese 10 grundlegenden koreanischen Wörter lernen Sie in dieser Lektion:

✓ Kann ich			
○	쌀	ssal	*(ungekochter) Reis*
○	썰다	sseolda	*schneiden*
○	섞다	seokda	*mischen*
○	국	guk	*Suppe*
○	끓이다	kkeurida	*kochen; brodeln lassen*
○	소금	sogeum	*Salz*
○	넣다	neota	*hineingeben; hineinlegen*
○	숟가락	sutgarak	*Löffel*
○	짜다	jjada	*salzig sein*
○	뜨겁다	tteugeopda	*heiß sein*

LOS GEHT'S

1 Hören Sie sich die einzelnen Sätze mit den Lernwörtern genau an und lesen Sie mit.

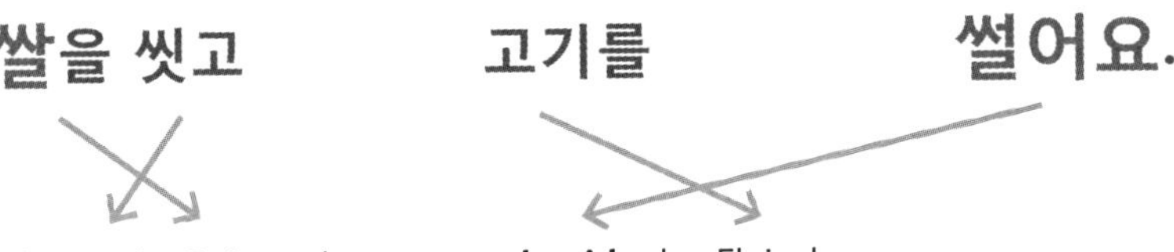

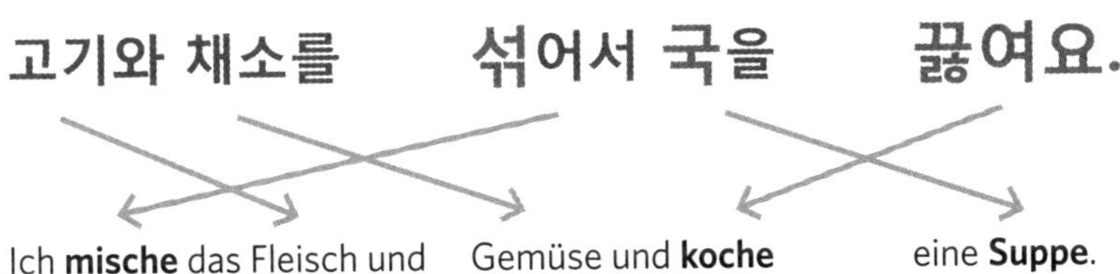

Die Partikel 으로 wird für das Mittel benutzt und bedeutet hier „mit".

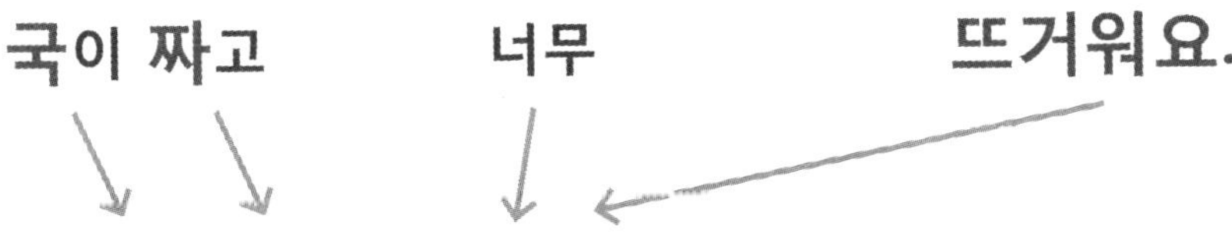

VERWANDTE WÖRTER

1 Hören Sie sich folgende Wörter an und lesen Sie mit.

08

쌀 ssal	**(ungekochter) Reis**	밥 bap	**(gekochter) Reis**
		밥을 하다 babeul hada	**Reis kochen**
		쌀국수 ssalguksu	**Reisnudel**
썰다 sseolda	**schneiden**	채 썰다 chae sseolda	**dünne Streifen schneiden, raspeln**
		다지다 dajida	**mit einem Messer zerkleinern, hacken**
섞다 seokda	**mischen**	분리하다 bullihada	**trennen**
국 guk	**Suppe**	국그릇 gukgeureut	**Suppenschüssel**
		국자 gukja	**Schöpfkelle**
끓이다 kkeurida	**kochen, brodeln lassen**	굽다 gupda	**grillen, backen**
		볶다 bokda	**braten**
		찌다 jjida	**dämpfen**
		튀기다 twigida	**frittieren**

소금 sogeum	**Salz**	소금통 sogeumtong	**Salzstreuer, Salzbehälter**
		후추 huchu	**Pfeffer**
		간장 ganjang	**Sojasoße**
넣다 neota	**hineingeben, hineinlegen**	빼다 ppaeda	**herausnehmen**
숟가락 sutgarak	**Löffel**	젓가락 jeotgarak	**Essstäbchen**
		수저 sujeo	**Löffel und Stäbchen**
		찻숟가락 chatsutgarak	**Teelöffel**
짜다 jjada	**salzig sein**	달다 dalda	**süß sein**
		쓰다 sseuda	**bitter sein**
		맵다 maepda	**scharf sein**
		시다 sida	**sauer sein**
뜨겁다 tteugeopda	**heiß sein**	차갑다 chagapda	**kalt sein**
		차다 chada	**kalt sein**

ÜBEN

1 Verbinden Sie die passenden Wörter.

1. 국	A. schneiden
2. 짜다	B. Salz
3. 숟가락	C. mischen
4. 썰다	D. Suppe
5. 뜨겁다	E. hineingeben, hineinlegen
6. 소금	F. salzig sein
7. 섞다	G. Löffel
8. 넣다	H. heiß sein

2 Ergänzen Sie die fehlenden Wörter.

1. 저는 ____________ 을 씻어요.	Ich wasche Reis.
2. 채소와 고기를 ____________ .	Ich schneide Gemüse und Fleisch.
3. 그리고 채소와 고기를 ____________ .	Und ich mische Gemüse und Fleisch.
4. 국을 ____________ .	Ich koche eine Suppe.
5. 국에 ____________ 을 넣어요.	Ich gebe in die Suppe das Salz hinein.
6. ____________ 으로 맛봐요.	Ich koste mit dem Löffel.
7. 국이 너무 ____________ .	Die Suppe ist sehr salzig.
8. 그리고 국이 ____________ .	Und die Suppe ist heiß.

WIEDERHOLUNG

3 Lesen Sie jetzt den folgenden Text auf Koreanisch.

1. 쌀을 씻어서 밥을 해요.

2. 야채와 고기를 썰어서 국을 끓여요.

3. 국에 간장과 후추를 넣고 맛봐요.

4. 국이 너무 짜서 물을 넣어요.

4 Übersetzen Sie nun die Sätze ins Deutsche.

1. ______________________________

2. ______________________________

3. ______________________________

4. ______________________________

5 Jetzt können Sie auf der ersten Seite der Lektion alle Wörter, die Sie gelernt haben, abhaken.

29

HAUSARBEIT

Diese 10 grundlegenden koreanischen Wörter lernen Sie in dieser Lektion:

☑ Kann ich			
○	설거지하다	seolgeojihada	*abwaschen*
○	냉장고	naengjanggo	*Kühlschrank*
○	쓰레기	sseuregi	*Müll*
○	버리다	beorida	*wegwerfen; wegbringen*
○	빨래하다	ppallaehada	*Wäsche waschen*
○	다리미질하다	darimijilhada	*bügeln*
○	집안일	jibannil	*Hausarbeit*
○	피곤하다	pigonhada	*müde sein*
○	소파	sopa	*Sofa*
○	쉬다	swida	*sich ausruhen; eine Pause einlegen*

LOS GEHT'S

1 Hören Sie sich die einzelnen Sätze mit den Lernwörtern genau an und lesen Sie mit.

저녁을 먹고 설거지해요.

Ich esse zu Abend und **wasche ab**.

냉장고를 정리하고 쓰레기를 버려요.

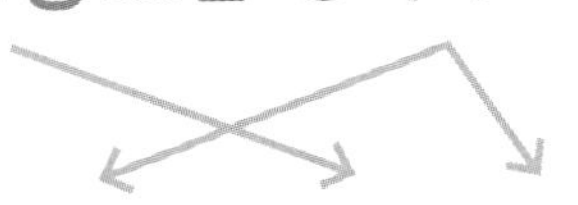

Ich räume den **Kühlschrank** auf und **bringe** den **Müll weg**.

그리고 빨래하고 다리미질해요.

Und ich **wasche** die **Wäsche** und **bügle** sie.

집안일을 많이 해서 피곤해요.

Weil ich viel **Hausarbeit** mache, **bin** ich **müde**.

이제 소파에서 쉴 거예요.

Nun werde ich **mich** auf dem **Sofa ausruhen**.

쉴 거예요 ist die Zukunftsform von „쉬다".

VERWANDTE WÖRTER

1 Hören Sie sich folgende Wörter an und lesen Sie mit.

08

설거지하다 seolgeojihada	**abwaschen**	그릇을 씻다 geureuseul ssitda	**Geschirr abwaschen**
		식기세척기 sikgisecheokgi	**Spülmaschine**
		싱크대 singkeudae	**Spülbecken**
냉장고 naengjanggo	**Kühlschrank**	냉동고 naengdonggo	**Tiefkühltruhe, Gefrierschrank**
		냉동식품 naengdongsikpum	**Tiefkühlkost**
쓰레기 sseuregi	**Müll**	쓰레기통 sseuregitong	**Mülleimer**
		쓰레기 봉투 sseuregi bongtu	**Müllbeutel**
버리다 beorida	**wegwerfen, wegbringen**	간직하다 ganjikada	**behalten**
		잊어버리다 ijeobeorida	**vergessen**
빨래하다 ppallaehada	**Wäsche waschen**	손빨래 sonppallae	**Handwäsche**
		세탁기 setakgi	**Waschmaschine**
		빨래건조대 ppallaegeonjodae	**Wäscheständer**

다리미질하다 darimijilhada	**bügeln**	다리미 darimi	**Bügeleisen**
		다리미판 darimipan	**Bügelbrett**
집안일 jibannil	**Hausarbeit**	부엌일 bueongnil	**Küchenarbeit**
		주부 jubu	**Hausfrau**
피곤하다 pigonhada	**müde sein**	지치다 jichida	**erschöpft sein**
		힘들다 himdeulda	**anstrengend sein**
소파 sopa	**Sofa**	의자 uija	**Stuhl**
		안락의자 allaguija	**Sessel**
		소파베드 sopabedeu	**Schlafcouch**
		소파 쿠션 sopa kusyeon	**Sofakissen**
쉬다 swida	**sich ausruhen, eine Pause einlegen**	휴식하다 hyusikada	**eine Pause einlegen**
		쉬는 시간 swineun sigan	**Pause**
		휴게실 hyugesil	**Pausenraum, Aufenthaltsraum**

ÜBEN

1 Verbinden Sie die passenden Wörter.

1. 집안일	A. wegwerfen, wegbringen
2. 다리미질하다	B. Wäsche waschen
3. 쉬다	C. bügeln
4. 설거지하다	D. Hausarbeit
5. 쓰레기	E. sich ausruhen, eine Pause einlegen
6. 빨래하다	F. müde sein
7. 피곤하다	G. abwaschen
8. 버리다	H. Müll

2 Ergänzen Sie die fehlenden Wörter.

1. 저는 요리하고 __________.	Ich koche und wasche ab.
2. __________ 를 정리해요.	Ich räume den Kühlschrank auf.
3. 쓰레기도 __________.	Ich bringe auch den Müll weg.
4. 세탁기로 __________.	Ich wasche die Wäsche in der Waschmaschine.
5. 방을 청소하고 바지를__________.	Ich putze das Zimmer und bügle die Hose.
6. __________ 을 많이 했어요.	Ich habe viel Hausarbeit gemacht.
7. 그래서 너무 __________.	Deshalb bin ich zu müde.
8. __________ 에서 쉴 거예요.	Ich werde mich auf dem Sofa ausruhen.

WIEDERHOLUNG

3 Lesen Sie jetzt den folgenden Text auf Koreanisch.

1. 집에서 빨래하고 다리미질해요.

2. 부엌을 청소하고 저녁을 준비해요.

3. 저녁 식사 하고 그릇을 씻어요.

4. 쓰레기를 버리고 냉장고를 정리해요.

5. 집안일이 많아서 힘들어요.

4 Übersetzen Sie nun die Sätze ins Deutsche.

1. ______

2. ______

3. ______

4. ______

5. ______

5 Jetzt können Sie auf der ersten Seite der Lektion alle Wörter, die Sie gelernt haben, abhaken.

30

ABENDRITUALE

Diese 10 grundlegenden koreanischen Wörter lernen Sie in dieser Lektion:

✓ **Kann ich**			
○	게임	geim	*Spiel*
○	침대	chimdae	*Bett*
○	안경	angyeong	*Brille*
○	탁자	takja	*Tisch*
○	놓다	nota	*legen; loslassen*
○	하늘	haneul	*Himmel*
○	별	byeol	*Stern*
○	우주	uju	*Universum*
○	생각하다	saenggakada	*denken; nachdenken*
○	꿈	kkum	*Traum*

LOS GEHT'S

1 Hören Sie sich die einzelnen Sätze mit den Lernwörtern genau an und lesen Sie mit.

밤에는 컴퓨터 게임을 하고 침대에 누워요.

In der Nacht spiele ich Computer(**spiele**) und lege mich dann ins **Bett**.

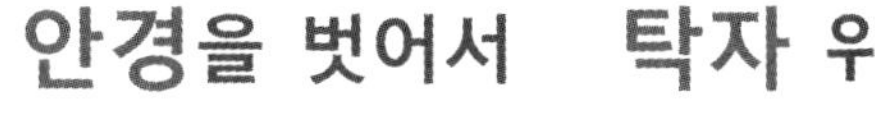

안경을 벗어서 탁자 위에 놓아요.

Ich nehme meine **Brille** ab und **lege** sie auf den **Tisch**.

밤하늘에 별이 많아요.

Am Nacht**himmel** sind viele **Sterne**.

-면서 wird an den Verbstamm angehängt und bedeutet hier „während".

별을 보면서 우주를 생각해요.

Während ich die **Sterne** sehe, **denke** ich an das **Universum**.

꿈에서 우주를 여행하고 싶어요.

Im **Traum** möchte ich durch das **Universum** reisen.

VERWANDTE WÖRTER

1 Hören Sie sich folgende Wörter an und lesen Sie mit.

게임 geim	**Spiel**	게임을 하다 geimeul hada	**(ein Spiel) spielen**
		카드 게임 kadeu geim	**Kartenspiel**
		놀이 nori	**Spiel**
침대 chimdae	**Bett**	침대 시트 chimdae siteu	**Betttuch, Bettbezug**
		이불 ibul	**Bettdecke**
		베개 begae	**Kopfkissen**
안경 angyeong	**Brille**	안경테 angyeongte	**Brillenfassung**
		안경점 angyeongjeom	**Brillengeschäft**
탁자 takja	**Tisch**	상 sang	**Tisch**
		식탁 siktak	**Esstisch**
놓다 nota	**legen, loslassen**	잡다 japda	**greifen, fangen, festhalten**
		들다 deulda	**heben**

하늘 haneul	**Himmel**	공기 gonggi	**Luft**
		땅 ttang	**Erdboden**
		자연 jayeon	**Natur**
		하늘색 haneulsaek	**Hellblau**
별 byeol	**Stern**	달 dal	**Mond**
		해 hae	**Sonne**
우주 uju	**Universum**	지구 jigu	**Erde**
		세계 segye	**Welt**
		우주선 ujuseon	**Raumschiff**
생각하다 saenggakada	**denken, nachdenken**	생각 saenggak	**Gedanke, Idee**
		느끼다 neukkida	**fühlen**
꿈 kkum	**Traum**	꿈꾸다 kkumkkuda	**träumen**
		잠 jam	**Schlaf**

ÜBEN

1 Verbinden Sie die passenden Wörter.

1. 탁자	A. denken, nachdenken
2. 놓다	B. Himmel
3. 우주	C. Traum
4. 하늘	D. Tisch
5. 침대	E. legen, loslassen
6. 생각하다	F. Stern
7. 별	G. Universum
8. 꿈	H. Bett

2 Ergänzen Sie die fehlenden Wörter.

1. ________ 에서 컴퓨터 게임을 해요.	Ich spiele Computer im Bett.
2. ________ 을 탁자 위에 놓아요.	Ich lege die Brille auf den Tisch.
3. 밤 ________ 이 아름다워요.	Der Nachthimmel ist schön.
4. 달을 보면서 ________ .	Während ich den Mond sehe, denke ich nach.
5. ________ 에서 세계를 여행했어요.	Im Traum bin ich durch die Welt gereist.
6. 하늘에 ________ 이 많아요.	Am Himmel sind viele Sterne.
7. 저는 카드 ________ 을 좋아해요.	Ich mag Kartenspiele.
8. 베개를 침대 위에 ________ .	Ich lege das Kopfkissen auf das Bett.

WIEDERHOLUNG

3 Lesen Sie jetzt den folgenden Text auf Koreanisch.

1. 컴퓨터 게임을 하고 안경을 벗어요.
2. 안경을 상 위에 놓고 침대에 누워요.
3. 밤하늘을 보면서 자연을 생각해요.
4. 달과 별이 정말 아름다워요.
5. 꿈에서 우주선을 타고 싶어요.

4 Übersetzen Sie nun die Sätze ins Deutsche.

1. ______________________________
2. ______________________________
3. ______________________________
4. ______________________________
5. ______________________________

5 Jetzt können Sie auf der ersten Seite der Lektion alle Wörter, die Sie gelernt haben, abhaken.

L

LÖSUNGEN

LEKTION 1

1 1D, 2F, 3H, 4B, 5G, 6A, 7E, 8C

2 1 이름, 2 사람, 3 공부해요, 4 (대)학생, 5 한국, 6 독일어, 7 살아요, 8 반가워요

4 1. Mein Name ist Paul. 2. Ich bin Österreicher. 3. Ich bin Student. Ich studiere Fremdsprachen. 4. Ich wohne in Korea. 5. Ich freue mich, Sie kennenzulernen.

LEKTION 2

1 1D, 2F, 3B, 4G, 5C, 6H, 7E, 8A

2 1 일찍, 2 세수, 3 입어요, 4 매일, 5 일어나요, 6 옷, 7 화장해요, 8 식사해요

4 1. Ich stehe jeden Tag früh auf. 2. Im Badezimmer ziehe ich den Schlafanzug aus und dusche mich. 3. Ich schminke mich und ziehe mich um. 4. Und ich frühstücke spät.

LEKTION 3

1 1D, 2E, 3H, 4A, 5G, 6B, 7F, 8C

2 1 수업, 2 가요, 3 선생님, 4 말해요, 5 있어요, 6 학교, 7 봐요, 8 교실

4 1. Wir haben morgens Unterricht. 2. Deshalb gehen wir früh zur Schule. 3. In der Schule sehen wir den Lehrer/die Lehrerin und Freunde. 4. Im Klassenzimmer unterhalten wir uns auf Koreanisch.

LEKTION 4

1 1D, 2F, 3A, 4H, 5B, 6G, 7C, 8E

2 1 아주, 2 식당, 3 많아요, 4 맛있어요, 5 배고파요, 6 점심, 7 손님, 8 음식

4 1. In der Mittagspause bin ich zu hungrig. 2. Ich gehe zum Restaurant, um Mittag zu essen 3. Ich esse koreanisches Essen. (Ich esse koreanisch.) Das Essen ist nicht lecker. 4. Deshalb sind sehr wenige Gäste im Restaurant.

LEKTION 5

1 1D, 2C, 3G, 4B, 5H, 6A, 7E, 8F

2 1 약속, 2 기다려요, 3 카페, 4 같이, 5 공원, 6 와요, 7 마셔요, 8 오후

4 1. Am Vormittag trinke ich allein Milchkaffee. 2. Am Nachmittag habe ich eine Verabredung mit einem Freund/einer Freundin. 3. Ich warte im Café auf den Freund/die Freundin.

4. Der Freund/Die Freundin kommt ins Café. 5. Wir spazieren zusammen im Park.

LEKTION 6

1 1D, 2F, 3B, 4H, 5A, 6G, 7C, 8E

2 1 호수, 2 예쁜, 3 노래해요, 4 넓고, 5 나무, 6 꽃, 7 작은, 8 새

4 1. Im Park gibt es einen kleinen See. 2. Am Seeufer gibt es auch viele schöne Blumen. 3. Auf dem Baum singt ein kleiner Spatz. 4. Der Park ist sehr groß und breit.

LEKTION 7

1 1D, 2E, 3C, 4A, 5B, 6G, 7H, 8F

2 1 어제, 2 비, 3 오늘, 4 따뜻해요, 5 좋아요, 6 날씨, 7 구름, 8 기분

4 1. Gestern war das Wetter schlecht. 2. Es war bewölkt und hat viel geregnet. 3. Deshalb war es sehr kühl. 4. Heute ist es sonnig und es gibt keine Wolke. 5. Das Wetter ist warm und sehr gut.

LEKTION 8

1 1D, 2F, 3H, 4A, 5B, 6G, 7C, 8E

2 1 회사, 2 중요한, 3 준비해요, 4 저녁, 5 다녀요, 6 회의, 7 사무실, 8 일해요

4 1. Mein bester Freund/Meine beste Freundin arbeitet bei einer Firma. 2. Er/Sie arbeitet zusammen mit den Kollegen im Büro. 3. Er/Sie hat morgen Vormittag eine wichtige Besprechung. 4. Deshalb bereitet er/sie bis spät am Abend die Unterlagen vor.

LEKTION 9

1 1D, 2C, 3A, 4G, 5F, 6B, 7H, 8E

2 1 주말, 2 음악, 3 청소해요, 4 극장, 5 시간, 6 영화, 7 책, 8 집

4 1. Ich habe viel Zeit an Werktagen. 2. Ich putze die Wohnung oder räume den Schreibtisch auf. 3. Am Wochenende schaue ich ein Theater(stück) an oder gehe ins Kino. 4. Dieses Wochenende gehe ich ins Konzert.

LEKTION 10

1 1D, 2F, 3A, 4C, 5H, 6G, 7B, 8E

2 1 여름, 2 가족, 3 정말, 4 높은, 5 수영해요, 6 여행했어요, 7 바다, 8 휴가

4 1. Ich bin in den Sommerferien gereist. 2. Ich bin mit der Familie zusammen in Urlaub gefahren. 3. Wir sind auf den Berg gestiegen und im Meer geschwommen. 4. Die Berge und das Meer waren wirklich gut/schön.

LEKTION 11

1 1D, 2A, 3F, 4B, 5H, 6G, 7E, 8C

2 1 생일, 2 선물, 3 좋아해요, 4 축구공, 5 만들, 6 운동, 7 백화점, 8 케이크

4 1. Heute ist der Geburtstag meines jüngeren Bruders. 2. Ich habe ein Geburtstagsgeschenk im Kaufhaus gekauft. 3. Mein jüngerer Bruder mag

Fußball sehr. 4. Deshalb habe ich einen Fußball und Turnschuhe gekauft. 5. Ich habe auch eine Geburtstagstorte gemacht.

LEKTION 12

1 1D, 2F, 3A, 4H, 5B, 6E, 7C, 8G

2 1 어머니, 2 과일, 3 싱싱해요, 4 시끄러워요, 5 장을 봐요, 6 고기, 7 생선, 8 시장

4 1. Ich kaufe mit meiner Mama im Supermarkt ein. 2. Das Fleisch ist teuer. Aber es ist sehr frisch. 3. Auf dem Fischmarkt kaufen wir günstig Fisch. 4. Morgens ist der Fischmarkt wirklich laut.

LEKTION 13

1 1D, 2G, 3A, 4F, 5B, 6H, 7E, 8C

2 1 자동차, 2 지하철, 3 타요, 4 걸어서, 5 자전거, 6 길, 7 버스, 8 택시

4 1. Auf der Straße sind zu viele Pkws. 2. Ich habe keine Zeit. Deshalb nehme ich ein Taxi. 3. Aber die U-Bahn ist schneller als das Taxi. 4. Die Firma ist weit entfernt von meinem Haus/meiner Wohnung. Ich fahre mit dem Bus. 5. Das Kaufhaus ist nah. Ich gehe zu Fuß.

LEKTION 14

1 1D, 2F, 3G, 4B, 5E, 6H, 7A, 8C

2 1 역, 2 옆, 3 출발해요, 4 다리, 5 재미있어요, 6 차표, 7 창문, 8 지나요

4 1. Ich kaufe ein Zugticket am Hauptbahnhof. 2. Ich steige in den Zug ein und setze mich an das Fenster. 3. Der Zug fährt durch einen Tunnel und überquert eine Brücke. 4.Die Zugreise ist wirklich interessant. 5. Der Zug kommt jetzt an der Endstation an.

LEKTION 15

1 1D, 2F, 3A, 4H, 5B, 6E, 7C, 8G

2 1 작년, 2 유럽, 3 박물관, 4 방문했어요, 5 아버지, 6 비행기, 7 도시, 8 곳

4 1. Letztes Jahr bin ich mit meinem Papa in Europa gereist. 2. Wir sind zusammen mit dem Flugzeug geflogen. 3. Wir haben uns in der Stadt eine berühmte Gemäldegalerie angeschaut. 4. In der ländlichen Gegend haben wir auch eine kleine (katholische) Kirche besucht.

LEKTION 16

1 1D, 2G, 3F, 4B, 5A, 6H, 7C, 8E

2 1 사진, 2 쳐요, 3 그림, 4 눈, 5 스키, 6 몰라요, 7 찍어요, 8 그려요

4 1. Wenn ich Zeit habe, spiele ich Tischtennis mit dem Freund. 2. Außerdem male ich Aquarell oder fotografiere. 3. Wenn es schneit, baue ich einen Schneemann. 4. Ich kann Schlittschuh laufen. 5. Aber ich kann nicht Ski fahren.

LEKTION 17

1 1D, 2H, 3G, 4E, 5B, 6A, 7F, 8C

2 1 지난달, 2 초대했어요, 3 받았어요, 4 방, 5 술, 6 이사했어요, 7 비누, 8 부엌

4 1. Ich bin letztes Wochenende umgezogen. 2. Ich habe die Kollegen aus meiner Firma ins neue Haus eingeladen. 3. Ich habe Waschpulver und Toilettenpapier als Geschenk bekommen. 4. Die Kollegen haben sich die Zimmer und den Garten angeschaut. 5. Wir haben im Wohnzimmer Bier getrunken.

LEKTION 18

1 1D, 2G, 3E, 4H, 5C, 6A, 7F, 8B

2 1 치마, 2 자주, 3 양복, 4 가벼운, 5 바지, 6 남편, 7 셔츠, 8 신발

4 1. Das Anzugshemd und die Krawatte sind unbequem. 2. Ich trage immer ein T-Shirt und eine Jeans. 3. Meine Frau mag den Rock lieber als die Hose. 4. Deshalb gibt es viele lange Kleider im Kleiderschrank.

LEKTION 19

1 1D, 2A, 3G, 4F, 5C, 6H, 7B, 8E

2 1 머리, 2 묶어요, 3 자르, 4 염색하, 5 미용실, 6 파마하, 7 색, 8 전화

4 1. Ich möchte meine langen Haare schneiden lassen. 2. Ich lasse mir ab und zu in einem Frisiersalon eine Dauerwelle machen. 3. Ich lasse mir die Haare immer in einer dunklen Farbe färben. 4. Mein Mann hat per Telefon im Barbershop reserviert.

LEKTION 20

1 1D, 2G, 3E, 4H, 5B, 6C, 7A, 8F

2 1 찾아요, 2 문, 3 뒤, 4 보내요, 5 우체국, 6 벌써, 7 편지, 8 돈

4 1. Ich bin zur Post gegangen, um einen Brief zu schicken. 2. Auf der Post habe ich die Briefmarke gekauft. 3. Und ich habe den Brief und das Paket geschickt. 4. Die Bank hat schon (die Tür) geöffnet. 5. Ich bin zur Bank gegangen und habe das Geld abgehoben.

LEKTION 21

1 1D, 2E, 3H, 4G, 5A, 6C, 7F, 8B

2 1 몸, 2 감기, 3 열, 4 코, 5 아파요, 6 병원, 7 의사, 8 진찰

4 1. Ich bin erkältet. 2. Ich habe Husten und mein Hals tut weh. 3. Mein Kopf tut auch weh und meine Nase läuft auch. 4. Ich werde mich im Krankenhaus von einem Arzt untersuchen lassen.

LEKTION 22

1 1D, 2F, 3E, 4B, 5H, 6G, 7A, 8C

2 1 손, 2 물, 3 약, 4 소독해요, 5 발라요, 6 다쳤어요, 7 깨끗이, 8 약국

4 1. Ich wasche mir die Hände mit Wasser sauber und koche. 2. Weil ich mir meinen Finger verletzt habe, blutet er. 3. Ich kaufe in der Apotheke ein

Desinfektionsmittel. 4. Ich desinfiziere den Finger und trage die Salbe auf.

LEKTION 23

1 1D, 2E, 3A, 4F, 5C, 6G, 7H, 8B

2 1 불, 2 소방관, 3 위험해요, 4 구조해요, 5 비상구, 6 구급차, 7 경찰, 8 조사해요

4 1. Weil ein Feuer ausgebrochen ist, kommen Feuerwehrfahrzeuge. 2. Feuerwehrmänner retten die Leute. 3. Die Rettungssanitäter leisten Erste Hilfe. 4. Die Leute fahren mit dem Rettungswagen zur Notaufnahme. 5. Der Polizist kommt und untersucht den Brandunfall.

LEKTION 24

1 1D, 2G, 3F, 4C, 5A, 6H, 7B, 8E

2 1 켜요, 2 인터넷, 3 시작해요, 4 고장났어요, 5 사용, 6 이메일, 7 컴퓨터, 8 신문

4 1. Ich schalte den Computer ein und beginne die Arbeit. 2. Ich lese die E-Mail und speichere sie im Computer. 3. Aber der Computer ist kaputtgegangen. 4. Deshalb kann ich die E-Mail nicht speichern. 5. Ich kann das Internet auch nicht benutzen.

LEKTION 25

1 1D, 2A, 3G, 4H, 5F, 6B, 7E, 8C

2 1 시험, 2 빌렸어요, 3 답, 4 떨어졌어요, 5 속상했어요, 6 도서관, 7 어려운, 8 울었어요

4 1. Mein Freund hat eine mündliche Prüfung abgelegt. 2. Er hat bei der Bibliothek Bücher ausgeliehen und auf die Prüfung gelernt. 3. Weil die Prüfungsaufgabe einfach war, hat er die richtige Antwort gegeben/gesagt. 4. Deshalb hat er die Prüfung bestanden. 5. Mein Freund hat gelacht, weil er die Prüfung bestanden hat.

LEKTION 26

1 1D, 2A, 3G, 4E, 5H, 6C, 7F, 8B

2 1 어려요, 2 놀이터, 3 다른, 4 싸워요, 5 져요, 6 동물, 7 흰, 8 아이

4 1. Weil die Kinder jung sind, gehen sie oft zum Spielplatz. 2. Sie schaukeln mit den anderen Kindern. 3. Unsere Kinder mögen Tiere sehr. 4. Deshalb halten wir einen Welpen und eine schwarze Katze. 5. Wenn der Hund und die Katze streiten, dann gewinnt die Katze.

LEKTION 27

1 1D, 2G, 3H, 4E, 5A, 6B, 7F, 8C

2 1 친절해요, 2 행복하게, 3 태어났어요, 4 부모님, 5 날씬해요, 6 결혼해요, 7 나이/연세, 8 조카

4 1. Meine ältere Schwester ist groß und gutherzig. 2. Sie hat letztes Jahr geheiratet und ein Kind geboren. 3. Ich bin glücklich, weil mein Neffe/meine Nichte geboren ist. 4. Aber meine ältere Schwester ist zu beschäftigt. 5. Deshalb kümmern sich meine Eltern um die Enkelin

LEKTION 28

1 1D, 2F, 3G, 4A, 5H, 6B, 7C, 8E

2 1 쌀, 2 썰어요, 3 섞어요, 4 끓여요, 5 소금, 6 숟가락, 7 짜요, 8 뜨거워요

4 1. Ich wasche Reis und koche ihn. 2. Ich schneide das Gemüse und das Fleisch und koche (damit) eine Suppe. 3. Ich gebe in die Suppe Sojasoße und Pfeffer hinein und koste sie. 4. Weil die Suppe zu salzig ist, gebe ich Wasser hinein.

LEKTION 29

1 1D, 2C, 3E, 4G, 5H, 6B, 7F, 8A

2 1 설거지해요, 2 냉장고, 3 버려요, 4 빨래해요, 5 다리미질해요, 6 집안일, 7 피곤해요, 8 소파

4 1. Zu Hause wasche ich die Wäsche und bügle sie. 2. Ich putzt die Küche und bereite das Abendessen vor. 3. Ich esse zu Abend und wasche das Geschirr ab. 4. Ich bringe den Müll weg und räume den Kühlschrank auf. 5. Weil es viel Hausarbeit gibt, ist es anstrengend.

LEKTION 30

1 1D, 2E, 3G, 4B, 5H, 6A, 7F, 8C

2 1 침대, 2 안경, 3 하늘, 4 생각해요, 5 꿈, 6 별, 7 게임, 8 놓아요

4 1. Ich spiele Computer(spiel) und nehme meine Brille ab. 2. Ich lege die Brille auf den Tisch und lege mich ins Bett. 3. Während ich den Nachthimmel sehe, denke ich an die Natur. 4. Der Mond und die Sterne sind wirklich schön. 5 Im Traum möchte ich mit dem Raumschiff fliegen.

Effektives Vokabellernen mit 7 Stunden Audiotraining

Das **Audio-Wortschatztraining** für alle, die gerne über Hören Koreanisch lernen – mit **CD**, **Begleitheft** und **PDF-Download**:

- Über 1.500 koreanische Vokabeln, Wörter, Wendungen und Beispielsätze für den Einstieg (A1)
- Alle Inhalte in beiden Sprachrichtungen zum Nachsprechen und Üben der koreanischen Aussprache
- Für zu Hause und unterwegs in Bus, Bahn oder Auto
- Jedes Thema in beiden Sprachrichtungen: effektives Training Koreanisch – Deutsch und Deutsch – Koreanisch
- Alle Wörter und Sätze sind in Deutsch und Koreanisch professionell muttersprachlich vertont

ISBN 978-3-12-563554-8